JN062142

義公漫筆

梶山孝夫

先生常州水戸產也其伯疾其仲夭先生夙夜陪膝下戰戰兢兢
其爲人也不滯物不著事尊神儒而駁神儒崇佛老而排佛老常
喜賓客殆市于門每有暇讀書不求必解歡不歡歡憂不憂憂月
之夕花之朝斟酒適意吟詩放情聲色飲食不好其美第宅器物
不要其奇有則隨有而樂胥無則任無而晏如自蚤有志于編史
然罕書可徵爰搜爰購求之得之微遴以稗官小説摭實闕疑正
閏皇統是非人臣輯成一家之言元祿庚午之冬累乞骸骨致仕
初養兄之子爲嗣遂立之以襲封先生之宿志於是乎足矣既而
還鄉卽日相攸於瑞龍山先塋之側瘞歷任之衣冠魚帶載封載
碑自題曰梅里先生墓先生之靈永在於此矣嗚呼骨肉委天命
所終之處水則施魚鼈山則飽禽獸何用劉伶之鍤乎哉其銘曰
月雖隱瑞龍雲光暫留西山峯建碑勒銘者誰源光圀字子龍

梅里先生碑陰並びに銘

先生は常州水戸の産なり、その伯は疾み、その仲は夭す。先生、夙夜膝下に陪して戦々兢々たり。その人となりや、物に滞らず、事に著せず。神儒を尊んで神儒を駁し、仏老を崇めて仏老を排す。常に賓客を喜び、殆ど門に市す。暇あるごとに書を読み、必ずしも解することを求めず。歓びて歓びを歓びとせず、憂へて憂ひを憂ひとせず。月の夕、花の朝、酒を斟み、意に適すれば、詩を吟じ、情を放にす。声色飲食、その美を好まず、第宅器物、その奇を要せず。有れば則ち有るに随つて楽胥し、無ければ則ち無きに任せて晏如たり。蚤くより史を編むに志有り。然れども書の徴すべきもの罕なり。爰に捜り爰に購ひ、これを求め、これを得、微遴するに稗官小説を以てし、実を摭り疑はしきを闕き、皇統を正閏し人臣を是非し、輯めて一家の言を成す。元禄庚午の冬、累りに骸骨を乞ひて致仕す。初め兄の子を養ひて嗣となし、遂にこれを立てて以て封を襲がしむ。先生の宿志、是に於てか足れり。既にして郷に還り、即日攸を瑞龍山先塋の側に相し、歴任の衣冠魚帯を瘞め、載ち封じ載ち碑し、自ら題して梅里先生の墓といふ。先生の霊、永くここにあり。嗚呼、骨肉は天命の終る所の処に委せ、水には則ち魚鼈に施し、山には則ち禽獣に飽かしめん。何ぞ劉伶の鍤を用ひんや。その銘に曰く、月は瑞龍の雲に隠るといへども、光は暫く西山の峰に留まる。碑を建て銘を勒する者は誰ぞ。源光圀、字は子龍。

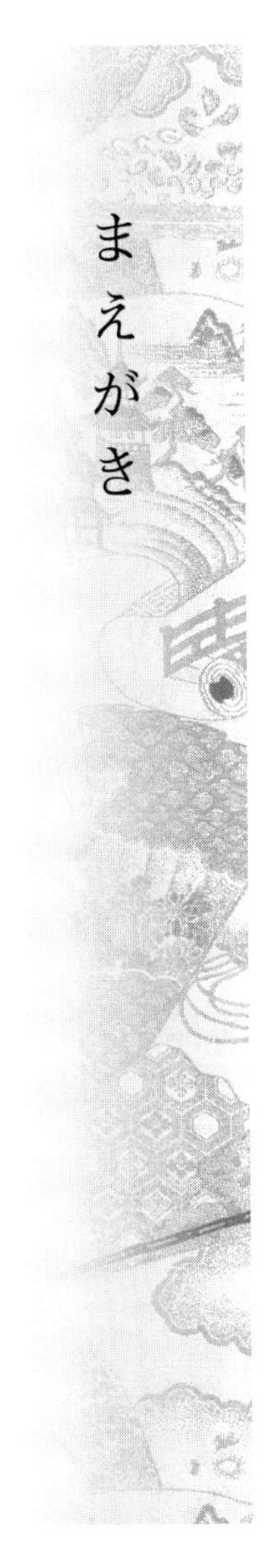

まえがき

義公（水戸第二代藩主徳川光圀）という人は実に多彩な人であった。御三家の当主としての領内統治はいうまでもなく、加えて史書・故実書・文集・和文集・史料集等の編纂を行なった好学の大名であり、また深い学問と教養を身につけた人物であることは周知であろうが、それ以上に注目すべきことはその人間性である。それは人物像といいかえてもよいが、探っても探りきれない何かを秘めた人物といってよい。その意味では「謎の義公」との表現は言い得て妙である。多くの言行録によれば、義公の謎と多彩さは一体のものといえようが、本書ではその多彩さの一端を拾ってみた。もとより、本書が拾ったところは筆者の関心にすぎないけれども、それでも義公の内奥に迫るものがあるとすれば本書にも何らかの意義を認めることができるであろう。

なお、引用の史料には読みやすくするために適宜表記（カナ、句読点など）を変えたところがあるのでご了承をいただきたいと思う。

目次

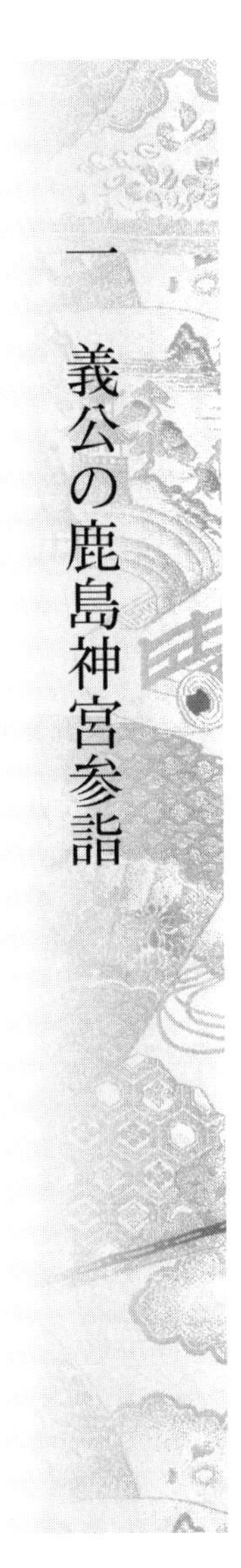

一　義公の鹿島神宮参詣

義公の鹿島神宮参詣については確たる史料がない。参詣がお忍びであったとしても何らかの史料が残っていて不思議ではないが、今日いまだ発見されていない。そこで、先に筆者は義公の参詣否定説を提唱したことがある（『藝林』四八巻二号収録「義公光圀と鹿島大宮司則直・則長父子」）。それは元禄九年二月の場合であるが、この時潮来から鹿島に渡り、神宮に参詣する予定であったけれども、それが何らかの事情で行なわれなかったのではないか、とするものであった。詳細は拙稿を参照されたいが、その拙稿でも使用した『日乗上人日記』（横浜市立図書館所蔵本）をこのほどじっくりと拝見する機会があり、否定説に確信を得たので以下に述べてみたいと思う。

〇

義公が前日（二月十四日）までは参詣の意志を抱いていたことは『大宮司日記』によって明らかであるから、十四日の夜か十五日になって何故か参詣を実施しないことになったのである。そこで、何らかの事情を探らねばならないが、参詣否定の立場から筆者はその事情が義公ご自身の都合なのではないか、との仮説を立ててみたのである。考えられることは突発的な病気であるが、病気でなければ何であろうか、と思いを巡らしてみた。当時の状況を詳細に伝える基本史料は『日乗上人日記』以外には今のところ見当たらないので、前後の記述を注意深く読み返してみたのである。

日記にみえる当日(元禄九年二月十五日)の関連記述は次の通りである。

今日は御意(ぎょい)にて鹿島一見に参る。舟にてゆく也。大舟戸といふ所にて舟よりおりてかごにてゆく也。島の境地は見事なる所也。宮は相向也。

ひたち海や鹿島の宮居神さびていく代かかけし波のしらゆふ

かなめ石、みたらし、御物見などいふ所見る。神宮寺と哉覧へ参る。今日は西堂まつりと哉覧にてらうかはし。人多さしつどいて、道もとおり得がたし。又、大舟戸といふ所より舟にて帰る。

当日の記述はこの後も続くが、まずはこの箇所を検討してみよう。「御意」が義公の意志であることに問題はない。「参る」の主語が上人であることも揺るがないであろう。「参る」は神社仏閣に参詣する際の言い方であるから特段問題はないが、西山御殿へ参上する際にも上人は「参る」と記していることにも留意しておこう。「御意にて」を考えてみると、日記にみえる他の用例では「義公の命(命令あるいは指示)によって」と解したほうが意味が通ずる場合がほとんどである。したがって、義公の命によって上人が(恐らくは単独で)鹿島に参詣したとすることができる。また「参る」は謙譲語なので上人自らであれば問題はない。もし義公のお供として参詣したのであれば、義公を主とする記述となるから敬語ではない「参る」との表記はしなかったのではあるまいか(少なくとも「参らる」と記したはずである。事実、義公の場合ではないが同月の七日や八日の条にみられる)。日記にみえる義公の行動に関する記述はすべて敬語表記であるからである（前後の条で容易に確認できる）。末尾の「帰る」も主語が上人であれば違和感はないが、義公であれば必ず敬語表記となるはずである。

ともかくも、当日は祭頭祭であったから神宮寺門前はさぞかし賑やかであったと思われる。「西堂まつり」は祭頭祭のことで、恐らく地元の人々は祭頭を「せいどう」と訛って発音していたために「西堂」の表記となったのであろう（拙著『祭頭祭・その起源と実際』参照）。

なお「らうかはし」は騒がしいの意で、元禄四年四月十七日の条にもみえている。

○

それでは当日の義公の状況はどうであったのか。果たして病気だったのか。病気ならば何か関連する記述があってもよさそうに思えるが、先の記述には義公に関するものが全くみえていない。全くないというのは、記述するには及ばない何らかの事情があったと考えざるをえないのである。

実は十五日の条には、先の記述の後に別条として義公の動静に関する記述がみられるのである。

一、公は今日おりく殿のおつとの所に入せられし。

これだけでは何をされていたのかはわからない。少なくとも病気ではなかったように思われる。そこで次に翌日、すなわち十六日の関連記述を検討してみなければならない。

今朝御殿にいづる。今日も御殺生に御出ある也。僧たちはここらの寺方一見せられよと御意にて御出ありし。依之、浄国寺、普門院など一見す。午後帰宿、長勝寺来る。

この条は極めて重要である。まず「御殿」は前日の条にみえる「おりく殿のおつとの所」であろう。

問題は次の「今日も御殺生に御出ある也」である。「今日も御殺生」とあるので昨日、すなわち十五日は「御殺生に御出」だったことが知られる。すなわち「御殺生」のために神宮参詣を遠慮したということになるのである。参詣を遠慮したほどであるから上人も「御殺生」の記述を控えたのであろう。「御意にて」も前条にみえていたが、やはり義公の意志は僧たち（上人も含む）への命令（指示）と解することができよう。

十六日の条には、続いて次のようにみえている。

一、子喜二郎所へ御成にて、暮方より参り夜更て帰御也。（後略）

この条の前半は義公の動静を記したものであるから敬語表記となっている。基本的に義公に関する記述は敬語表記である。後半は上人自らの動静である。

続く十七日の条はやや長いので前後を省略して中程の記述を掲げよう。

予は巳の刻に板久をいでて、御先に参るべきよしにて参る也。公は午刻に出御ありし、午後寺に被為入。堂など御一見ありし、客殿にて御座しつらいたる所にて御遊ありける。巳の過るに二本松寺へ郡手代被遣たるが、住寺と同道して未の刻来られし。箱を御床におきて住寺に内縁を御尋ありし。住寺箱を御威光にて予も拝せるなど申されければ、何のわづらいもなく披きける内に八通の書あり。紅葉の聖教といふ物也。何より合て拝見せし。此箱西山へ御持参の筈也。妙光寺にて御料理首尾よくめし上らる。日暮て御酒いづる。台などいだし種々御もてなし也。亥の刻斗まで御酒ゑんありし。弟子衆観善、観秀、堂守皆々御酒つぎ被下也。所の庄屋、其外旦那すべて二十人斗也。是にも御酒被下。今日御目見被仰付とて受法可致とて受法したる旦那五人までありし也。公の御威光にて仏道に入事ふしぎの事なり。頃日の御殺生の御罪も少ほろぶべきとぞ覚し也。

夜更て帰御。

まずは「御一見」に留意しよう。いうまでもなく、この主語は義公である。義公が妙光寺を「御一見」されたのであるが、「一見」の用例は十五日と十六日の条にもみえている。こちらは主語が義公ではないから「一見」の表記なのである。後半には旦那衆に酒などを給し、お目見えを賜ったので五人が受法したとみえているが、それは公のご威光だというのである。注目すべきは傍線部（末尾の行）であるが、「頃日（けいじつ）」はこのごろの意であるから「頃日の御殺生」とは十五日と十六日の殺生のことであろう。

そうすると「御殺生」とは何だったのか、が検討されねばならない。一般論でいえば殺生は生き物を殺すことで、いわば狩りのことである。それでは義公の場合もそれでよいのであろうか。結論からいえば同様と考えてよいが、それを証するのは二月十一日の条である。前半を掲げてみよう。

今日はれいのここちあしかりける間、御殿にもいでず。御断申上げる。宗与御見舞に被下。今日は殺生に御いでなり、山ふかくゆきてししなどうたせられ侍るよし。女ばうたちは川にてあみおろしなどせられしとかや。いづちへもゆかぬも今日はよろしとおぼゆ。大聖等は御供にまいられし也。予はここちあしかりける。僧の殺生の所へまからざりしも、病でいたらざりしは物ごとともくしつありける。

この日、義公は「しし狩り」（鹿狩り、猪狩り）をされたのである。女房たちは川で魚取りをしたのだが、上人はあいにくと体調がすぐれず御供ができなかったわけである。他の僧たちは御供したので、上人は僧の殺生の仲間に入らなかったことに安堵している様子が読み取れる。

そうすると、十七日の条の「頃日」には十一日も含めてよいかもしれないが、いずれにしても十七日に受法者が出たことを上人は罪滅ぼしと感じたと記しているのである。

ちなみに、十一日も十五日も十六日も天気は晴れで「しし狩り」（御殺生）に支障はなかったはずである。

〇

以上によって、義公の神宮参詣が行なわれなかった事情が明らかとなり、十五日は上人の代参だったと結論できる（元禄十年二月九日の条にみえる「仰にて鹿島いたこあなたこなた見て」という記述も上人ではないが代参と考えてよいかもしれない）。ただ、前日まで参詣を予定していた義公が何故に「御殺生」を優先したのかはわからないが、先触れがあったとはいえ参詣はあくまでも予定であったということなのであろうか。

ところで、上人は仏者であるから殺生に否定的であっても不思議ではなく、むしろ当然というべきかもしれない。元禄五年四月五日の条に殺生のところで「心のうちによみし歌」（この歌ははばかりあって口外はしなかった）がみえ、同六年六月六日の条に心ならずも殺生の場に立ち会ったこと（この時は湊での魚取り）、七日の条にも魚取りのことがみえているので、殺生には魚取りも含まれるのである。ま

錦正社 図書案内 ⑥ 新刊

〒162-0041 東京都新宿区早稲田鶴巻町544-6
電話03(5261)2891 FAX03(5261)2892

現代語訳でやさしく読む

「中朝事実」

日本建国の物語

山鹿 素行原著、秋山 智子編訳

尊い国柄を次代に伝える

現代の私たちにも大きな価値を有し、儒教や仏教などの外来思想が入ってくる以前の日本古来の精神を究明し、わが国の国柄を明らかにした『中朝事実』を、やさしい現代語訳で丁寧にひもといていく。

定価3,080円
〔本体2,800円〕
四六判・320頁
令和6年6月発行
9784764601536

大和魂・大和心の語誌的研究

若井 勲夫著

日本人固有の魂・心の本質を見つめなおす

大和魂・大和心は、「魂」・「心」に大和を冠することによって、日本人の精神面・生活面において、どのように意識され、発想され、言語に表されてきたのか。

定価5,500円
〔本体5,000円〕
A5判・400頁
令和5年9月発行
9784764601512

伝統芸能と民俗芸能のイコノグラフィー〈図像学〉

児玉 絵里子著

時を超え意匠から鮮やかに蘇える

近世期―珠玉の日本文化論

初期歌舞伎研究を中心に、近世初期の芸能（歌舞妓・能楽・琉球芸能）と絵画・工芸・文芸を縦横に行き来し、日本文化史を図像学の観点から捉えなおす。

定価1,980円
〔本体1,800円〕
四六判・192頁
令和6年8月発行
9784764601543

初期歌舞伎・琉球宮廷舞踊の系譜考

三葉葵紋、枝垂れ桜、藤の花

児玉 絵里子著

数百年の時を超えて今蘇る、初期歌舞伎と近世初期絵画のこころ

初期歌舞伎研究に関わる初の領域横断研究。舞踊図・寛文美人図など近世初期風俗画と桃山百双、あるいは大津絵「藤娘」の画題解釈、元禄見得や若衆歌舞伎「業平踊」の定義などへの再考を促す、実証的研究の成果をまとめた珠玉の一冊。

定価11,000円
〔本体10,000円〕
A5判・526頁
令和4年7月発行
9784764601468

昭和晩期世相戯評

小咄 燗徳利

村尾　次郎著、小村　和年編

令和の今こそ読むべき昭和晩期の世相戯評

昭和五十三年から平成元年の十年にわたり週刊誌『月曜評論』の「声ある声」欄に連載した〝やんちゃ〟談義、全五百三十編のコラムのうち、たまたま耳目を驚かせた時事問題、旅先での経験や身辺の小事など、著者選りすぐりの二百五十八編を収載。洒脱な文章の中に「良き国風を亨け且つ伝える」という著者気概が溢れ、読む者に何とも云えぬ爽快感を与えてくれる。

定価2,420円
〔本体2,200円〕
四六判・288頁
令和5年2月発行
9784764601499

東京大神宮ものがたり

大神宮の一四〇年

藤本　頼生著

神前結婚式創始の神社・東京大神宮の歴史を繙く

神宮司庁東京皇大神宮遥拝殿として創建され、戦前期には広く「日比谷大神宮」「飯田橋大神宮」の名称で崇敬されてきた東京大神宮。伊勢の神宮との深い由緒と歴史的経緯を持ち「東京のお伊勢さま」とも称される東京大神宮の創建から現在までのあゆみを多くの史料や写真をもとに紹介。

定価1,980円
〔本体1,800円〕
四六判・328頁
令和3年12月発行
9784764601451

津軽のイタコ

笹森　建英著

知られざる津軽のイタコの実態をひもとく

津軽のイタコの習俗・口寄せ・口説き・死後の世界・地獄観・音楽・生活など、死者と交流をしてきた彼女たちの巫業や現状とは一体どういうものなのか？　長きに亘りイタコと関わり、研究を行ってきた著者ならではの視点から、調査体験に基づき多角的に実態を明らかにする。

定価3,080円
〔本体2,800円〕
A5判・208頁
令和3年4月発行
9784764601437

好評第３刷

日本語と英語で読む

神道とは何か

小泉八雲のみた神の国、日本

What is Shintō?

Japan, a Country of Gods, as Seen by Lafcadio Hearn

平川祐弘・牧野陽子著

ハーン研究の第一人者である二人の著者が「神道」の核心に迫る

神道とは何か、この問いに小泉八雲を介し、客観的で分かりやすく纏めた一冊。日本文と英文がほぼ同じページ数で左右両側からそれぞれ読み進められるようになっており、日本の神道の宗教的世界観を世界に発信する。

定価1,650円
〔本体1,500円〕
四六判・252頁
平成30年9月発行
9784764601376

先哲を仰ぐ【四訂版】

平泉　澄著　市村　真一編

代表的日本人の心と足跡を識り、その崇高な道を学ぼうという青年に贈る書

平泉澄博士の論稿の中から、①日本の道義を明らかにし実践された先哲の事蹟と精神を解説された論考、②第二次世界大戦前、日本の政治と思想問題に関して平泉澄博士が書かれた御意見、戦後我が国再建のため、精神的支柱を立て、内政外交政策を論じられたもの、③先哲の御遺文の講義、二十一編を収録。今回の四訂版では、「二宮尊徳」の章を追加し、刊行に合わせて書き直した市村真一博士の解説を附して復刊。

※並製本・カバー装の「通常版」のほか、上製本・函入りの「愛蔵本」を数量限定で刊行。

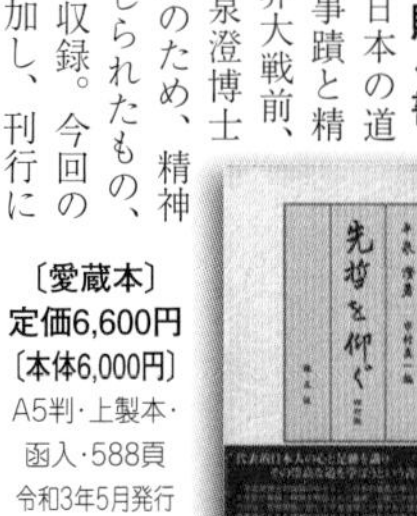

◀〔通常版〕
定価4,950円
〔本体4,500円〕
A5判・並製本・カバー装・588頁
令和3年5月発行
9784764601413

〔愛蔵本〕
定価6,600円
〔本体6,000円〕
A5判・上製本・函入・588頁
令和3年5月発行
9784764601420

水戸学の道統

名越　時正著　《水戸史学選書》

水戸史学会創立五十周年を前に、待望の復刊

「水戸学」は、徳川光圀をはじめとして数多くの先人たちが、われわれの想像も及ばない苦心によって探究し、長い年月の間の錬磨を積み重ね、そして、自分一身の生命を賭けて実践してきたものである。したがって、そこに終始一貫した道統があった。（「まえがき」より抜粋）

定価2,860円
〔本体2,600円〕
B6判・212頁
令和4年7月発行
9784764601475

鹿島神宮と水戸

梶山　孝夫著　《錦正社叢書13》

鹿島神宮と水戸藩の関係に迫る

水戸藩の歴代藩主と家臣が崇敬の誠を捧げてきた鹿島神宮。その鹿島神宮と水戸藩、松尾芭蕉、佐久良東雄との関係に焦点を当てる。光圀研究に、ひいては水戸学における神道の背景を探究する上で必読の書。

定価990円
〔本体900円〕
四六判・121頁
令和6年1月発行
9784764601529

歴史家としての徳川光圀

梶山　孝夫著　《錦正社叢書12》

水戸学の深奥にせまる

徳川光圀を水戸学あるいは水戸史学の創始者としての歴史家という視点から捉え、史家・史書・始原・憧憬・教育の五つのキーワードから水戸学の把握を試みる。

定価990円
〔本体900円〕
四六判・124頁
令和4年8月発行
9784764601482

明治維新と天皇・神社

一五〇年前の天皇と神社政策

藤本　頼生著　《錦正社叢書11》

明治維新期に行われた天皇・神社に関わる種々の改革がどのようなものであったのか

明治維新当初のわずか一年余になされた政策が、近代日本の歩み、現代へと繋がる天皇・神社にかかる諸体制の基盤となっている。

定価990円
〔本体900円〕
四六判・124頁
令和2年2月発行
9784764601406

陸軍航空の形成

軍事組織と新技術の受容

松原　治吉郎著

陸軍航空の草創期を本格的かつ系統的に明らかにした実証研究

「陸軍航空の形成期を鮮やかに浮かび上がらせている。近代日本の軍事史に対する重要な貢献であるとともに、防衛力のあり方を考える上で示唆に富む一冊だ。」――北岡伸一（東京大学名誉教授）

今日的なインプリケーションも多く含む、近代日本の軍事史研究に必読の書。

定価5,940円
〔本体5,400円〕
A5判・432頁
令和5年3月発行
9784764603554

竹内式部と宝暦事件

大貫　大樹著

竹内式部の人物像を明らかにし、宝暦事件の真相に歴史・神学・思想の各視点から迫る総合研究書

竹内式部の人物像・学問思想及び式部門弟の思想的背景を明らかにするとともに、江戸時代を代表する社会的事件である宝暦事件を、歴史・社会・神学・思想の各視点から多角的かつ実証的に真相に迫る。

定価11,000円
〔本体10,000円〕
A5判・556頁
令和5年2月発行
9784764601505

第一次世界大戦と民間人

「武器を持たない兵士」の出現と戦後社会への影響

鍋谷　郁太郎編

「銃後」における民間人の戦争を検証する

「総力戦」といわれる第一次世界大戦を「武器を持たない兵士」としての民間人が、どの様に受け止め、如何に感じ、そして生き抜いていったのか。

ドイツ史、フランス史、イタリア史、ロシア史、ハンガリー史、そして日本史の立場からの研究成果をまとめた論集。

定価4,950円
〔本体4,500円〕
A5判・334頁
令和4年3月発行
9784764603547

日本海軍と東アジア国際政治

中国をめぐる対英米政策と戦略

小磯　隆広著

日本海軍の対英米政策・戦略を繙く

満州事変後から太平洋戦争の開戦に至るまで、日本海軍が東アジア情勢との関係において、英米の動向をいかに認識・観測し、いかなる政策と戦略を講じようとしたのか。

歴史学的検証により、昭和戦前期における日本の対外関係に海軍が果たした役割を解明する。

定価4,620円
〔本体4,200円〕
A5判・320頁
令和2年5月発行
9784764603523

た、元禄七年二月六日の条に「今日はひろうらへ御出御殺生也」とみえ、同八年三月二日、四日の条にも「ふなの魚とり」のことが記されている。

このような状況をみると、義公はたびたび狩り（上人のいう「御殺生」）を行なったことが知られるが、恐らくは上人が同道しない（日記の記述にみえない）場合もあったであろうから、さらに回数は増えるであろう。義公は引退したとはいうものの武士である。狩りは武士の習いであり嗜みでもあるから、しばしば行ない、日頃の鍛錬に努めたであろうことは容易に察せられる（『桃源遺事』巻四の一一七項参照）。そういえば、藤井紋太夫を手討ちにしたのは元禄七年十一月のことであったが、いざという時のための鍛錬だったということもできよう。それが元禄九年二月の時点でも継続されていたわけである。

蛇足を加えておくと、『大宮司日記』は二月十五日当日が未記載のために義公の参詣（あるいは参詣されなかったこと）が確認できないのである。何故に未記載なのかは日記の性格も含めて別途の検討を要するが、今のところ明確な理由が見当たらない。ただ、十四日の記載の後に若干の余白があるので、記載しようと思えば記載は可能ではなかったかとも思われる。あるいは別途の記載が存在したが伝わらなかっただけなのであろうか。

付記

『桃蹊雑話』巻七に、元禄五年のこととして「年々御成り有之数日御逗留、海川の御殺生遊ばされ候」と義公が磯原の野口家に滞在したことを伝えているのも上人日記の「御殺生」に関する傍証となろう（「常山文集」に同年九月十三夜の月見の詩がみえる）。

附　義公の東主膳宛書簡

昨日途中匆々
立談山荘へも芳訊
殊嘉肴両品携来
多謝々款話を得ず
遺恨此事ニ候
近日於潮来
心曲を伸ぶべく候
　　不宣
　　　西山前中納言
　正月十三日　光圀
東主膳殿

芳訊（ほうじん）（よいたより・手紙）
嘉肴（かこう）（けっこうな料理）
款話（かんわ）（うちとけて語る）
心曲（しんきょく）（心のすみずみ）

右の義公書簡は当禰宜（とうねぎ）家（東俊二郎氏）に伝えられたもので、『鹿嶋市史』地誌編（平成十七年）に紹介されている。『水戸義公全集』には未収録であるが、元禄十二年の発信と推察される。

書簡によれば、主膳が十二日に太田の西山荘を訪ねたけれども立談のみで詳しい話には及ばなかったのであり、それに対して義公は芳訊と嘉肴の礼と近日潮来で面会の機会があることを述べている。それは『大宮司日記』の元禄十二年二月四日の条に「去ル廿四五日時分西山中納言さまいたくえ被為成候由、次ニ佐原権之丞方へ被為成候由、其節東主膳御供申候由、及承候事」とみえており、一月に義公が潮来へ来訪した際に主膳が「御供」したことが確認されるからである。

なお、『日乗上人日記』元禄十二年一月十六日の条に、

大君より御意ありて、十九日智俊板久の方へ可被召運由、日周上人も参らるる中合可参由、玄桐方より申来る也。（大君は義公のこと）

とみえるので潮来訪問の予定が確認できるが、上人は同道しなかった。詳細は不明であるが、大宮司のみならず当禰宜家とも親しい関係にあったことは認められてよいであろう。

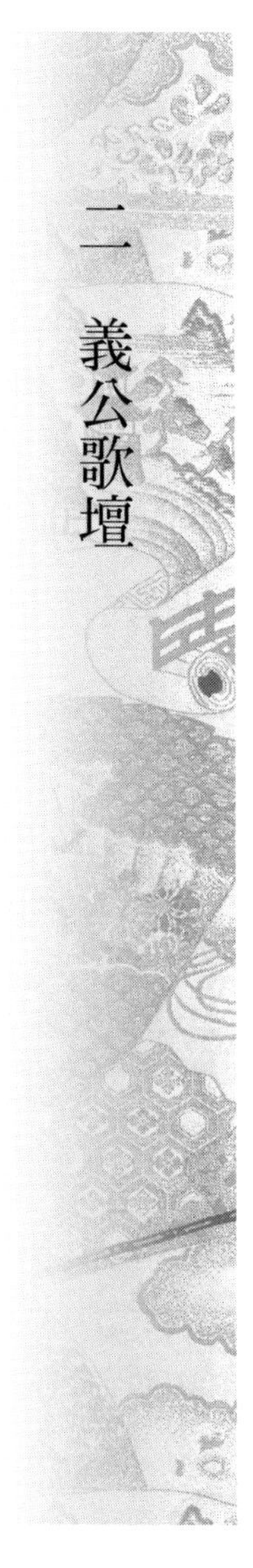

二　義公歌壇

水戸の学問が史学を中心とすることはいうまでもないけれども、一方国学もまた重要な役割を担っている。とりわけ義公が国文学に若き時より関心を寄せ、『万葉集』の研究や和文の収集に努めていたことも著名な事実であるからである。義公の国文学的素養は『常山詠草』に十分に窺うことができるが、引退後の義公周辺には少なくとも和歌を通じてのサロンともいうべき状況が形成されており、その活動は極めて活発であった。筆者はそれを義公歌壇と位置づけてみたいと思う。

その探究のための基本史料は『日乗上人日記』(以下、日記と記す)であるが、日乗上人(久昌寺住持)はとりわけ引退後の義公に侍従して、いわば話し相手としての役割を果たした人物である。日記は一部を欠くものの元禄四年正月から義公薨去後の同十六年二月まで綴られている。日記には折にふれて詠んだ上人自らの歌とともに義公をはじめとする関係の人々の歌も記録されている。それらはかなりの数量に上るが、その中から歌会に関するものを摘記して義公歌壇の様相の一端を探ってみたいと思う。

〇

まずは元禄四年八月十五日の条をみてみよう。

今日午時西山にまいる。御客恵明院、自足軒也。予は御台所にいたるに御ろうかまで御出にて、ああ御坊そこにござるよ、こなたへ参れとおおせられし。おどろきて御前にまいる。御客おまちのほど御物がたりいろいろありて、未の刻過に座に御客来り給ふ。御物がたりはつくしがたし。

（中略）

御料理過て日暮に雨はれて、月見ゆるほどなれば御庭に御座敷しつらいて出でたまふ。近衆の人々多し。御歌御詩あるべしとて、詩は一年の明月中秋にありといふ意を切韻して人々詩つくり給ふ。歌は山里の月といふ言を句の下におきてよむ事也。当座の事なればおもひの外也。

さらに「御詩中秋得秋字」と題する義公の七絶（『常山文集』巻十二、七一六）を掲げ、ついで「御当座の御歌」（『常山詠草』巻四、七六五）に、

入ははやし出るはおそし谷の戸にただ中そらの月をこそ見れ

を記した後に「十五夜」と題する歌三首を記している。すなわち、

千代すまむ秋のもなかのはじめとて光ことなる山里の月　自足軒　常覚
今宵ぞと名にこそたてれなべて世の秋より外の山里の月　恵明院　瑛兼
名にしおふ今宵としるし久方の光さしそふ山里の月　皆如院　慈性

であるが、義公を含めて四名（慈性は上人の字）が中秋の名月を愛でたのであろう。文はさらに次のように続く。

いづれも折かみに書く。御詩出で後覚出し給ふ。其次兼出し給ふ。次に御意ありて出す。此法師

は自由ならぬ歌よみなれば、いかがしたるぞなど仰られて御高覧有、おもひの外にいできたるぞとて返がへす御吟じある。其後覚兼なども遣さる。時のめんぼく加様の事ぞ、一生のよろこびとおもひし也。夜いたくふくるまで御遊ありて、御酒たらへよなどとて御盃数こんに及ぶ。其後御茶いでて何もいとま申て帰る。帰寺は鳥のなく時分也。今宵詩歌あまたありしもらしぬ。追てきき書写してん。

義公に促されて順次歌を出し、それを義公が繰り返し吟じられ、その面目は一生の歓びとなった。夜更けるまで酒宴が続いてお酒十分となり、お茶を戴き、夜明けの頃に帰ったというのである。歌はほかにも多く詠まれたようであった。自足軒は梅香に住んでいた舟橋式部少輔、恵明院は願入寺住持である。

右は十五夜の月見であるが、日乗上人は近隣の僧たちとしばしば詠歌を持ち寄り風雅の趣の中に生活していたのである。

○

ところで、この夜の月見にはもうひとつの記録がある。それは『千年山集』四に収める「西山中秋御会の記」であるが、さすがに国学者安藤為章（年山）の作だけあって流麗な一文となっている。

冒頭は「をととしのこよひは御在藩のおりふしなれば、那珂の湊の月を賞せさせ給ふこそは、江戸の御邸にての御会なり」と書出している。当日の朝神崎寺の宥賀法印とともに水戸を出て太田にいたった。やがて願入寺の瑛兼上人も来たり、なにくれと物語りつつ、近隣を案内して夕時を待ったという。ついで西山の風情を情緒豊かに写しつつ、漢詩（七言律詩）を詠じた。漢詩以下の箇所を抄出しよう。

たにのくまぐまなほ見はてざるに、みなまいるべきよしつたへきこへて、よひの歌には山里の月といふことはを末の七もじによみ、詩には一年明月在中秋といふ字をさぐるべきよしのおほせ也。けふのひつじの刻ばかりより、むらさめはれくもりての空のけしきおぼつかなかりしが、くれゆくままに風すずしく霧はれて、松のひまよりにほひ出たる月影いとはなやかに、えんなる山のたたずまゐなり。（此間有詩歌今略之）こころこころのおもむき、とりどりのすがた御光のかひもありけりと月色にもよろこばしうぞてらしたまふらめ。さても有職の御ものがたり、顕密の法話、しばしばの御さかづきにおもほえず、夜いたらふけて星のめぐりも丑のをはりなめりと聞ゆれば、人々みなまかて給ふにあかぬまとゐのさうざうしさをのたまはせつつ、柴門あひおくれば月色あらたなりと、ひとりごちて入らせたまふ。

この一文の年代が日記の記録と合致することは冒頭に「元禄四年辛未」と記されていることによって知られるけれども、文中にも「よひの歌には山里の月といふことばを末の七もじによみ、詩には一年明月在中秋といふ字をさぐるべきよしのおほせ也」とみえることによって明らかである。しかも、この歌会に出席した人物がほかにも存在したわけである。少なくとも為章と宥賀法印は出席者だったのである。有職や顕密の法話に話がはずみ、深更に及んだことが窺われる。

上人の日記は、この日の天候を「晴、午後雨雷少」と伝えている。

○

元禄五年二月には湊にて歌会が計画された。湊への義公の御成については一日の条から記載がみえるが、出発は三日であった。しかし当日は夜のうちより雪で風雨となり、西山に止まることとなった。上人は三日の条に次のように記している。

今日岩舟への御成とて、みなみな用意ありしに風雨にて、出御あるまじきよしにて御殿に御とうりうありし。

そして、さらに日記の文は続く。

昨日乗物の内にてよみし歌ども書付て、三木氏に見せ侍るに、たきそめしの歌可然と也。人々も詩歌ともに入御上覧に、予が歌も御上覧あるべきよし仰ありし程に、みなみな書付たるそのままにて上る。

上覧の歌は「初恋」と題する四首で、三首めが「たきそめし海士のとまやの夕煙なびかん末をたのみぬるかな」であるが、「いづれもきこえておもしろけれどたきそめしの歌、尤すぐれたるぞ、此歌明日の会に可然よし仰ら」れたので、上人は「うれしかりし」との感激のことばを書き記した。続いて安藤主水（主殿、為実）に明日の会式について聞き合わせた内容を一部図解している。図解したのは「会紙の書様」等であり、その会紙は「ふところにしてしかうする也」で、僧や俗（一般人）は袖に入れることもあるという。さらに四条の会式が綴られている。

一、下座より会紙を文台におく也。文台の前三尺ほど前よりひざをつきて、しかうする也。左、右、左也。会紙を置て後又左右左に引て座にかへる也。

一、文だいの本によりて後、会紙をひだりの方へ少むきてひろげて見て又巻ておくれい也。

一、上座の上へ会紙をむけておく也。

右あらましの道也。くはしき事は御伝ありとぞ。

一、各文台に会紙を置て座に帰る。上席読師(どくじ)を召す時に、読師座を起て文台のもとによりて、各の会紙を左の方へおろしてひろげ重ておもてをそとになして、二つにおりかへしておきて座に帰る。時に上座召、又座を立て文台のきはによりて、上座の歌よりよみ始むる也。てい主の歌最後に読む也。冷泉家には会紙を内に折とぞ。

右の式どもとりどり申て式定りぬ。

以上がおおまかな次第となるが、上人はさらにもう一条に様子を伝えている。

一、みなとの花蔵院まいられて、御前にめす。今日は雪ふりぬ。春の雪といふ題出で、各詩作り歌よむ。詩歌別に記す。予が歌は、

　春の海にふる白雪は白浪の花かとのみぞあやまたれぬる

人々まいる。御酒いでし。御物がたりの序に、尚謙、教が事申上る。いまだ御聞なく侍るまま呼び侍れとて、御前にめす。御酒給はる。

教は慈教のことで、酒に酔ったので先に返し、上人は深夜に及んでから帰宅したのであるが、翌日早く慈教とともに御殿に参上した。天候も晴で、上人は一足先に湊へ参り、初花香一包を献上した。

義公は巳の刻に御成で、水戸からは左近殿や伊藤七内の奥（夫人）も来た。奥の座敷にて御会が始まるにあたり、みな装束を整えた。恵明院（瑛兼）や子息芳岸院をはじめ、安藤主水は白小袖を着し、上人も道具衣を着て座したのである。

続いて上人は図解を施して「御会の式、昨日の記に書しごとく也」として次第を具体的に記載している。

一、各会紙を文台に直し座に帰る。其後硯のふたに入て、短冊を御前より始て各取也。短冊は三つに折也。常には三の中に書と云々。今日は上に書、直に短冊に書付故也。安節御前より何もの前にひざ突きて短冊を取らせしむる也。其後はしばらく詩歌を案ずる間、物いふ人なし。座を立人もなし。御前より何も詩歌の出でくる節に、御すずりめして御書付ありて、助三郎に清書させらる。各短冊に書付て、又安節とりそろへて文台の上におく。其後、主水をめして兼題の歌置、読、次に当座の歌よむ。次に助三郎兼題の詩をよむ。次に当座の詩を読す。

この会では安藤為実が歌の読師を務め、佐々助（介）三郎が歌式と同様に詩を読み、また尚謙や寺侍の森安節も役を務めているから、相当の人数が参集したものと思われる。

七日、義公は西山に戻ったが、翌月七日にも水戸の自足軒邸にて歌会が開かれた。もとより上人も出席しているが、六日の条には「明日の式あらまし聞に、みなとの式にかはらず。此度は発声ありて付物ある也云々」とあり、七日の条には「午時御成、歌式衣服みなとのごとし」とみえ、次第と座敷の図を記載している。義公歌壇、華やかなりといわねばならないであろう。

三　義公歌壇（続）

もう少し義公歌壇の実相をたどってみよう。『日乗上人日記』元禄六年十一月十五日の条に次のような記載がある。

内々より御もよおしにて御歌の会あり。夜戌の前始る。聚石堂の前に庭火をたく。僧には自足軒、恵明院殿、日乗、是相院、慈教、慈縁也。聚石堂の中間也。御歌の次第作法別記のごとし。

たしかに歌会は久昌寺で行なわれたのであるが、これだけでは詳細がわからない。上人は別記を残しているようであるが、管見には及んでいない。前後の記載から、この時分に義公の母堂の三十三回忌の法要が行なわれ、この歌会がその一環として位置づけられることは明らかである。

ところで、『千年山集』四に「和歌のみのり」という一文が収められている。この一文は無名法師の署名があるが、実は安藤為実の作であって法師に仮託してのことである。歌会当日の様子を詳細に叙述しており、かなりの長文ではあるが、国文学的素養にあふれた流麗なものとなっている。以下、この一文によって当日の様子を窺ってみよう。冒頭は次のような書出しである。

あまたくにぐに修行しもてありきつつ、ことし元禄みづのとり霜月十四日に常陸の久慈のこほり太田のさとにいたりぬ。ここは水戸侯の御封のうちにして、府城よりわ（づ脱か）かに五里のほどなれば、おほかたのにぎはひはさるべき事にとおもふにも、すぎて人あししげきをなにごとにやととふに、久昌寺にて西山公の御母儀のみそぢみかへりの御忌なん。

法師としての仮託であるから、このような書出しとなっている。また歌会については、

御法楽の和歌を御寺にて披講せらるるいふに、さもめつらかなる御事にこそ

として十五日の披講の様子を綴っている。とりわけ座の様子は詳細であり、座席図さえも付しているのである。その座席図によれば、奥の仏壇に向かって中央に文台を置き、左右に出席者名を記している。右側（仏壇側からは左手）の奥から西山君（義公）・隆綱・為実・重箭・信胤・行正・陳員・正氏、左側には定輔・為章・浄明・慈縁・慈教・自入・自性・唯妙・瑛兼・常覚の名がみえている。慈縁から常覚までの七名は僧衆であるが、先の上人の記載と合致しないのはどうしたことであろうか。自性は慈性、すなわち日乗であろう。

それはともかく、「和歌のみのり」には僧衆の和歌を順次記録してある。常覚（自足軒）、瑛兼（恵明院）、唯妙、自性、自入、慈教、自縁がそれであるが、さらに綱条夫人、綱条、その兄弟たちの和歌、そして出席者の詠と続き、最後に義公の歌を記している。文はなお続き、披講の様子を丹念に綴っている。披講を終えて太田の里に帰ったのであるが、末尾の箇所を掲げておこう。

太田のさとにかへりつきたるに、たびねの枕はいとどよざむのあらしもはしたなくて、うちもねられぬ。ともしびのもとに、いでやおろおろ御会の式かきつけて、ふるさと人に見せもしらせま

ほしきを、例のものわすれがちなるおろかさは、あとさきのついておぼつかなうまして、そのほどの故実やうの事どもは、おぼろげの人のしるべきにもあらねば、おぼえずもらし侍るになん。

さて、日記に戻ると上人は会の次第を別記に記録したようであるが、十八日の条に「安藤主殿より記録の事申来る。則、慈教に書せしむ」とあり、十九日の条に「法華三昧の記出来、安藤氏へ持せ遣す」「今日も頓写等記す」とみえ、二十日の条には「昨日の頓写の記出来、西山へ遣す。主殿来る」と記している。したがって、何らかの記録が作成されたことは疑いがない。恐らく「和歌のみのり」執筆の際に参考とされたのであろう。

〇

次に、日記元禄八年二月十二日の条をみてみよう。

一、申後、馬場御殿へ参る。御前にめす。今日は正宗寺、清音寺等御招請ありて、御詩歌の御会ありける。和歌の題五首の内、春野といふだいをさぐりあたりければ、

みどりなる空もひとつにむさし野は雲間をわけておふる若草

御歌其外の詩歌別に記し侍らん。

今宵御詩歌終りて、御みきまいる。夜いたう更て山に帰れば、山ぶきにて鳥の声聞ゆ。かへりてゆするしいねんとすれば、朝課のかねつく也。

折にふれて義公の周辺では歌会が行なわれていたようである。それは必ずしも体裁次第を整えたものではなかったかもしれないが、日記の記述からは十分にそれを窺わせるものがある。

同年三月十九日の条には花見の記述がみえている。

一、午時西山へ参りて旌野(はたの)へ御供せし也。公は沢山へ御よりありし。予は旌桜寺(せいおうじ)へすぐに参る也。自足殿御出ありし。主水も参られし。肥田源内、味禅も参らる。其外御供人々多し。今日は御歌有べしとて御詠ありし也。人々の歌多し。別に記す。

白雲を引きつつ来れば古寺の庭に玉ちる花の下風　　御詠

自足軒其外もありし也。

そして上人自らの詠二首を記している。御詠は『常山詠草』収録の七二二であるが、このような折にふれて詠んだ歌は日記に数多く散見する。

○

次に義公歌壇の大きな催しに言及しておこう。それは元禄九年五月二十三日に湊の願入寺で行なわれた歌会である。上人の日記の同月二十一日の条からみてみよう。

今朝とく湊へゆかんとするに、夜のうちよりここちあしくておきも得せず。かくては不叶事とて三木氏、佐々氏へせうそ遣す。得参らざる事よろしく申上給はれなと申遣す。

一、慈縁、自入等日周師も各湊へ参らるる也。日比予も今度の御会に出でんとせしに、心ちあしくて得ゆかず口おしき事也。明日にても可参かなどおもひくらす。

慈縁と自入は久昌寺中の僧、日周は伊豆の韮山から来て常寂光寺の住職となった僧であるが、日周は前日からやってきてこの日湊へ出かけることになっていた。すでに前日義公は湊へ出御していたが、二十一日上人は折悪しく体調不良で伏せっており、明日は出発できるかと思い悩んでいたわけである。果たして二十二日はどうなったか。「今日も終日ここちあしくてうちふす」という状況であったが、さらに翌日、歌会の当日であるが「今日はここちよく中課、晩課、出仕せし也」と快復し、「今日は湊にて御会あらんとおもひやりて暮しぬ」という状態であった。

二十四日、日周上人が帰って来て様子を伝えた。御会に出席できなかったことを義公はどのように思われていたか気がかりであったが、「御機嫌もよくておほん伝語など給」わり、「病気養生可致由など被仰下」たということである。

　一、湊にて会の歌には予が歌は、あさなあさなくみてもしるしの歌出たるとぞ伝聞侍る。

上人は自らの歌も披露されてさぞかし安堵したことであろう。この歌会に上人は出席できなかったので日記の記載は簡略であるが、歌会の様子は安藤為実の「和歌披講の記」(『千年山集』三収録)という一文が詳細に伝えている。それによれば、この歌会は本願寺門主十五世常如(じょうにょ)上人の三回忌法要のために開かれたのであった。常如上人は願入寺の如晴上人(恵明院、瑛兼、夫人は義公の娘鶴姫)の実兄であり、元禄七年五月二十二日に五十四歳で示寂していたのである。

「和歌披講の記」によれば、当日の様子は次のようであった。

　雲の波はやく流れゆき月めぐりて、ことし元禄九かへりさつきの末の二日は、本願寺御門主第十五世の嗣泥洹院常如上人三めぐりの忌辰にあたれり

続いて常如上人の弟君が願入寺の恵明院如晴上人であることにふれ、それが西山中納言の招きに

よったことを述べて、準備と当日の様子に及んでいる。

二十三日に、これを講ぜらる所は本堂中央の間にて左右のへだて皆とりはらはれて仏壇の方は簾をたれたり。簾の外、両方の柱にそひて高燈台おのおの一基をたつ。左第一の座厚帖を敷。うしろに簾をたれて中納言殿の御座にかもふ。

以下院主の座、そして山僧の聴聞所や楽所（担当者十名の名）を記し、さらに集う人々の様子（日周・秀廟・自入・慈縁・輝潤・貞軒・為実・弘道・友嵩・政興・行正・之幹・陳員・浄明・直救・忠俊・為章・恭延・定輔・君厚・景伴・元善・敬勝・秀興、これらのうちのほとんどは「和歌のみのり」にもその名がみえている）、さらには和歌の引用はないけれども披講の状況の詳細に及んで、末尾には次のように記している。

柳やまと歌をもて法楽に見て、音楽をして法楽もまじふる事は、いにしへよりの跡おほかむめる中にも、かかる衣手のひたちの海辺にては今日ぞはじめなるべければ、まことに希代の勝概千載の一遇ともいひつべくなん。これしかしながら、文筆さかりに法流あまねくいたれるがしるしなるべし。よりていささか、これをかきとめ侍り。

日乗上人は参加できなかったけれども、空前の歌会であったことが知られるのである。為実・為章兄弟が伝える法要にともなう歌会は盛大なものであり、義公歌壇の代表的な催しには違いないが、これにとどまらず上人の日記からは日々の生活の中に歌学的素養の横溢が窺えるのである。それは日常非日常を問わず義公周辺の精神文化的状況を如実に示すものといってよいであろう。

四　義公とふみづきの月

「梅里先生碑陰並びに銘」の一節に「月の夕(ゆうべ)、花の朝(あした)、酒を斟(く)み、意に適すれば、詩を吟じ、情を放(ほしいまま)にす」とあるのは義公の花鳥風月観を表明したものとも言い得ようが、碑陰全体に及べば義公の人生観あるいは哲学観とでもいうべきものであろう。ここでは「月の夕」に留意して義公の月見に関してその一端にふれてみたいと思う。

◯

『浪逆湖泛遊図巻(なさかのうみはんゆうずかん)』の北条時鄰(ときちか)の序文に、

　これの一巻にはしがきせよとありけるに、開きみれば浪逆の海に舟をうかべて文月の月を見し歌からの歌の集也。そもく文月の月は西山の公めでたまひ、たとへば赤壁のもとにあそびしをいへるなとになぞらへしにや、

とみえるが、ここに記載される西山公（義公）が文月の月を愛でたという一事に注目してみよう。

この『浪逆湖泛遊図巻』は表紙とも二十五丁から成る冊子である。浪逆湖というのは北浦から利根川に至る間に広がる湖であるが、その浪逆湖に舟を浮かべて文月の月を愛でた時の和歌と漢詩を集め、

さらに彩色の絵を挿入したものである。収録される松岡正久（号は友鹿）の「泛遊記」によれば、月見の経緯は次の通りである。

慶応乙丑（元年）秋夏の交の極めて暑い時一扇を買い求めたが、そこには文久壬戌（二年）七月既望（十六日）の日付で枕山（大沼枕山か）以下の諸文士による墨水泛舟図の間に詩が載っていた。恐らく、それは蘇東坡の壬戌の遊び（蜀呉と魏が戦った古戦場である赤壁に遊んだこと）を追想したものであろう。自分はかつて諸友と浪逆湖に遊ぼうと思っていたが果たせていない。この図を見て宿志を速やかに果たそうと思い、七月十四日を卜うと雨であり、十五日、十六日は曇であり、十七日に至って初めて晴れるという。この夜は青天であり、雲一つ無かった。すでに浪逆湖に舟が在り、みな相携えて岸に至った。湖は光り輝き正視しがたかったが、魚龍は跳ね踊り趣がある。自分はしばしばここを航行したが、夜舟の経験はなかった。今回初めて夜舟を浮かべた。図が成ったので友とこれに文を寄せることになり、湖上の趣を詩歌に託そうとこの挙に出たのである。都下の諸文士からすれば、田舎人の挙と一笑に付されるかもしれないが、自分の知るところではない。自分と共に遊んだのは六人で吉川久勁、萩原良次、北条時成、塚原直興、萩原常規、雲嶺である。雲嶺は画を善くした。

以上のように書き記して、

さし向ひ月すむ庭の池水になさかの海をおもひけるかな
からやまとうたひあはせてふけぬらく月に棹さす浦の在舟

などの和歌三首を点綴している。日付には「慶応元年ふみ月ばかり」とある。なお、久勁から常規までの五名は幕末鹿島の文人として知られる。

西山公（水戸二代藩主義公光圀）が文月の月を愛でたというのは、例えば『常山詠草』巻四に「七月十五夜の月をながめて」と詞書きして、

待わぶる秋の最中のおもかけをまつ見せそめて出る月影

とみえる一首によって知られる。

また『桃源遺事』巻五には次の記述がみえている。

月の比は、那珂の湊へ御出有て、夤賓閣（亭の名也）にて、海上の月を御眺め、都て城市の月をは嫌せ給ひ候。月は昔より中秋晩秋のみ名月と賞する有て、初秋に名月と賞するなし。七月十五日は、中元といひ、又この比の月色と秋色とを揚て賞せんに、その品不少、唐土の蘇子か赤壁の下に舟を浮べし昔をも思ひやるべし。（一八九頁）

赤壁に遊ぶというのは「泛遊記」にもみえているが、時鄰には序文依頼の折に久勁や正久から月見の趣旨が伝えられていたのであろうし、加えて義公の「唐土の蘇子か赤壁の下に舟を浮べし昔をも思ひやるべし」という逸事をふまえたのであろう。

なお『桃源遺事』一九五頁には仙波湖の堤をその景色のために西湖の蘇堤に准えて、その両岸に楊柳を植えさせ、柳堤と名付けたことがみえており、また「赤壁の賦」冒頭には「壬戌の秋、七月既望、蘇子客と舟を泛べて赤壁の下に遊ぶ」とみえていることをも付加しておこう。

『浪逆湖泛遊図巻』は筆者家蔵の冊子であるが、先に土浦市立博物館における第三八回特別展「土浦八景――よみがえる情景へのまなざし――」で展示紹介された。また同図録に寄稿した「鹿島八景と『浪逆湖泛遊図巻』」に概要を述べた。

五　源顕基伝と義公の隠居

「本朝の史記」こと『大日本史』隠逸伝（巻二百二十五）に義公の隠居に関連した伝記がある。それが源顕基伝であるが、以下はこの顕基伝に関しての義公の考察である。

まずは伝を掲げるところから始めよう。

> 源顕基、大納言俊賢の長子也。（公卿補任、尊卑分脈）少くして学を好み、志典籍に篤し。（続往生伝、元亨釈書）寛弘八年従五位下に叙せられ、長和中侍従となり、右兵衛佐に任ぜられ、近衛少将に遷る。（公卿補任）後一条帝登極の初、上東門院、宮に入りて嘆じて曰く、故院晏駕未だ幾くならず。宮中の事体、復旧に似ずと。帝愧づる色有りたまふ。会、顕基直に在りて朗詠す。后嘆賞して曰く、念ふに疇昔に及ぶもの惟此れ有るのみと。帝為に釈然たり。（十訓鈔）治安万寿の間、蔵人頭に補せられ、左近衛中将に転ず。長元中参議に任ぜられ、従三位権中納言に至る。（公卿補任）恩遇最も隆なり。然れども夙に退素の志有り。常に言へらく、願はくは罪なくして配所の月見るを得んと。帝崩じたまふに及び、顕基悲慕し、入りて梓宮を拝す。会、燈を供せず。乃ち潜嘆して曰く、世情の菲薄、一に此に至る。古より忠臣二君に事へずと。吾復た朝に立つを欲せ

ずと。遂に比叡山に登りて祝髪し名を圓昭と更む。人咸之を惜しむ。後大原山に住し、博く経論を閲し練行精至、（古事談、十訓鈔、続往生伝、元亨釈書）復、醍醐に移る。（十訓鈔）永承二年、疽を患ふ。悦んで曰ふ。吾聞く、万病死に至るまで心神変らざるもの唯癰疽のみ也と。終に医薬を絶ちて終る。（続往生伝、元亨釈書、年は公卿補任による）子資綱、和歌を善くす。権中納言正二位に至る。（公卿補任、栄華物語）

列伝の文章としては特別なものではないのであるが、実は拙著『大日本史の史眼――その構成と叙述――』（平成二十五年）においても隠逸伝に及んだ際に顕基伝にふれている。その時注目したのは出家の理由についてであった（傍線部参照、「忠臣二君に仕へず」は『十訓抄』第六「可存忠信廉直旨事」の条にみえる）。ところが、最近前水戸史学会長の名越時正先生が顕基伝に言及されていることを知った。それは『水戸史学』第二十二号（昭和六十年四月発行）に掲載の「顕基中納言と西山公」という一文であるから、当時拝見したはずであるが迂闊にも失念していたのである。ただ、一頁に収めた三段組の文章であり、小文のためか表紙の目次にも題目が掲載されていないので、本誌の中身を繰らないと見つけることができないという状況ではあった。

さて先生は、この文章に顕基伝を全文引用されているが、引用の前に次のように述べられている。

『桃源遺事』巻之五に西山荘についての美しい描写とともに、山荘における西山荘の生活を記した名文がある（『水戸義公伝記逸話集』一九五頁・一九一頁）。その中に、かねて何のことか不審に思ひ乍ら調べもしないで放置した一句があった。それは

西山公常々仰られ候は、昔顕基の中納言とかやの願ひ給ひし如く、我も配所の月、罪なくして眺まほしきと仰られ候

といふ所で、西山公の心境を物語る大事なことばのやうだが、その顕基中納言といふ人が分らなければこの謎のやうなことばの意味も解けないのである。

ところが近頃驚いたのは、顕基中納言の伝記をはじめその「願はくは罪なくして配所の月を見るを得ん」といふことばまで、『大日本史』にちゃんと載せられてゐたことであった。それは巻二百二十五の「隠逸伝」の中で、全文を左に掲げる。

そして、引用（前掲）の後には次のように記されている。

後一条天皇は一条天皇の第二皇子。御母が上東門院である。この御代は藤原道長、頼通による摂関政治の全盛期で、摂政・関白の思ひに任せぬこと何一つなかった時代だが、内には秩序乱れて平忠常の乱が起り都にも賊が横行し、九州には刀伊（とい）が入寇した。源顕基が常に退隠の志を抱いたのは、朝儀の衰微、風潮の頽廃をどうすることも出来なかったからであらう。その志に同情したからこそ、西山公は彼を隠逸伝に列し、自らも西山隠士と称したのではなからうか。会員諸賢の御高教をお願ひしたい。

○

『桃源遺事』巻五にみえる当該の文章は比較的長いものであるが、先生が引用された箇所は末尾のところにみえている。顕基その人については列伝を参照していただくとして繰り返さないが、『水戸

史学』には顕基に言及した文章がもう一つ掲載されている。それは第三十九号に掲載の大森林造氏「義公漢詩注――六十歳代の詩抄その1――」であるが、この中に義公が引退して水戸に移る際に綱条(つなえだ)に与えた遺訓の詩(五言古詩)の注釈がみえている。大森氏は余説の中で『桃源遺事』『発心集』『義公遺事』などの記事を引き、顕基中納言の言葉が『徒然草』にもみえていることにもふれられている。先生は「会員諸賢の御高教をお願ひしたい」と結ばれていたので、これに応えられたものとも考えられるが、以下に若干を確認してみたいと思う。

はじめは、義公の人生観の一表明ともいうべき隠居について『義公遺事』の記載である。九項目に「六十三の御歳御隠居被成、すきと御願成就の由、御喜不大方也」とみえているが、やはり三一項の長文の記事が重要であろう。

御年四十七八の時分、御物語に被仰候は、御隠居被遊候はば、山深く人家遠き処に、纔(わずか)の御人にて閑居被遊、道心者のごとく御くらし可被遊と御意御座候に付、新八御側に罷在候て申上候は、御大名にて何事も御心に被為叶候へども、此御願は却て罷成間敷と奉存候。御三家の貴き、御隠居は相済候ても、御格式可有之候。御自由に人遠き御山居などは、中々思召候様に御成被遊間敷よし、若(もし)罷成候ても、御意の通の小勢、軽き御隠居には難成候半と奉存候由申上候へば、色々御議論共あり、人間は進退有之ものなり、思召の様に被遊候て御見せ可被成と堅く御意御座候。後御隠居相済候翌朝、新八梅の御殿へ罷出候へば、先年其方と御議論被遊候事、今日に成申候。御志を御立可被遊候を見申候へと御意にて、御気色にて御座候。其後御山居段々成就、御陪侍仕候節、先年の議論を覚候か、其節の御物語にちがひ申候やと被仰、毎度御笑被遊候。

隠居に対する中村新八（顧言）との応答は興味深いが、これによればかなり以前から義公は隠居の希望を抱いていたことが知られる。やがて、それは「梅里先生碑陰並びに銘」にも表明されることとなるが、ここではもう少し顕基中納言の逸事をたどってみよう。

『徒然草』第五段に「顕基中納言の言ひけん、配所の月、罪なくて見ん事、さも覚えぬべし」とあるのは、この前段の「不幸に憂に沈める人の、頭おろしなどふつつかに思ひとりたるにはあらで、あるかなきかに、門さしこめて、待つこともなく明し暮したる、さるかたにあらまほし」とみえることの具体例として挙げられたものである。もとより、この段は兼好の思いの反映であろうから、隠者としての自らの思いは『大日本史』には認められなかったということになろう。何故ならば『大日本史』は隠逸伝ではなく歌人伝に兼好伝を収めているからである。一体それは何故であろうか。

○

いわゆる中世における隠者として西行（佐藤義清）、鴨長明、そして兼好法師（卜部兼好）を挙げるのは一般に認められることであろう。そこで、歌人伝の兼好伝を検討してみよう。兼好伝は歌人伝（巻二二一、歌人伝は四巻編成でこの巻は最末の巻）の末尾に収められているが、この巻には源俊頼・藤原俊成・定家・為家・為氏・為相・家隆などが含まれている。年代を考慮すれば最末尾に収録されていることに不審はないが、歌人として認められた結果ということになろう。伝を構成するために引用された和歌は、

ここもまたうき世なりけりよそながら思ひしままの山里もがな

契りおく花とならびの岡のべにあはれいくよの春をすぐさん

の二首である。前者は『吉野拾遺』によるが『兼好歌集』には初句を「すめばまた」として収められている。遁世の事情を伝に記載するために『吉野拾遺』から採ったのであろう。後者は『兼好歌集』であり、その詞書も伝の参考とされている。その他の典拠としては『卜部系図』『徒然草』『太平記』『正徹物語』『落書露顕』が挙げられている。紀伝の和歌は他に目立つ事績がみられないときに引用される場合が多いので、引用そのものが歌人としての評価に直接につながるわけではない。事実、俊成伝や定家伝は叙述分量が兼好伝より多いにもかかわらず和歌は引用されていないのである。

兼好伝で注目されるのは『太平記』による記述が二箇所みられることである。それは「兼ねて書に工なり」「兼好、嘗て高師直の為に書を作りて塩谷高貞の妻を挑ふ。妻従はず。師直怒りて之と絶つ。論者此を以て此を少なりとす」の箇所であるが、検討すべきは後者であろう。これらは『太平記』巻二十一にみえる次の記載によるのである。

文をやりてみばやとて、兼好と云ける能書の遁世者を呼寄て、紅葉重の薄様の、取手もくゆる計にこがれたるに、言を尽してぞ聞へける。返事遅しと待処に、使帰り来て、御文をば手に取ながら、あけてあに見給はず、庭に捨られたるを、人目にかけじと懐に入帰り参て候ぬる、と語りければ、師直大に気を損じて、いやいや、物の用に立ぬ物は手書也けり。今日より其兼好法師、是へよすべからず、とぞ忿ける。

そしてこの一事は「兼好が不祥、公義が高運、栄枯一時に地を易たり」と結ばれているのであるが、「公義が高運」というのは兼好の不首尾を薬師寺公義が首尾よく措置したからである。少しく疑問なのは兼好伝に「論者此を以て此を少なりとす」とみえることである。「少」は短小の意味で人を譏ることであるから、評価は低いということにならざるをえない。ここでいう「論者」とは一体誰をさすのだろうか。引用の『太平記』のみではこの評価の根拠が明らかとはいえないであろう。もとより師直の兼好評価が低かったことは十分に窺えるけれども、少なくとも「論者」は師直ではないであろう。

そこで思い当たるのが、彰考館本『天正本太平記』の次の記載である。

兼好はさしもの能書・歌読みなりしかども、その詮なくて、面目をぞ失ひける。

この箇所は「兼好が不祥、公義が高運、栄枯一時に地を易たり」の直前に挿入されているのであるが、天正本ではこの一文も「地を替へて、不思議なりし事どもなり」と結ばれている。このようにみると、「論者此を以て此を少なりとす」の典拠は天正本に求めてよいかもしれない。この逸話は江戸期以降の兼好研究家の誰しもが注目してきたところである。

いずれにしても、兼好は歌人（二条為世門の和歌四天王とまで呼ばれた）としてはともかく『太平記』に遁世者とみえるにもかかわらず隠者としては必ずしも評価されたわけではなく、それが顕基との相違でもあったと言い得るのである。

○

隠逸伝には実質九名が収められているが、隠者としての内容の充実という観点からみて実際に伝が成立すると考えてよいのは顕基の他では佐藤義清・鴨長明の伝のみであろう。そこで西行と鴨長明の隠者としての記述を確認することとしよう。

佐藤義清伝は後半が出家以後の記述であるが、西行の名による記述である。西行自らの言を引くのが目立つ。例えば「桑門には家なし。抖擻（衣食住など世の煩いを払う）して身を終ふべし」「一生幾もなく、来世迩きに在り」などであるが、これらに西行の思いをみることは十分に可能である。また、天竜渡の逸事、文覚との談話、鎌倉における頼朝の要請の謝絶などにふれているが、「願くは花の下にて我死なんそのきさらぎの望月のころ」を引いて「竟に其の言の如し」と叙し、僧慈円が教えを請うた際には「密家の要を窺はんと欲せば、常に先づ和歌を学ぶべし」と応えたこと、そして後鳥羽上皇の言「西行は才思天成、常人の学びて得る所に非ず」を記して伝を閉じるのである。

鴨長明伝では鎌倉での将軍実朝との謁見の後に、京都日野の草庵にふれ、「有る所は仏像及び書数軸、箏・琵琶、余は貯蓄する所なく、山に登り、水に臨み、採擷（蔬菜を手でつまみとる）して自ら給し、方丈記を著ししが、其の耿介の気、其の中に概見したり」と叙し、さらに和歌の才を綴って『新古今集』を選ぶに当り、千百首も奉ったものもいたが、長明はわずかに十二首のみを進め、そのすべてが採用されたことに及んでいる。

ともに歌人としては具体的事例を挙げて評価しており、とりわけ西行伝はより詳細であって、歌人伝の各伝と遜色ない豊富な記述なのである。したがって、そのまま歌人伝としても十分に通用するといって差し支えないほどであるが、あえて隠逸伝に収めたのは少なくとも顕基・西行・長明の三名には義公の思いと通ずるところがあり、兼好にはそれを認めることができなかったということになるだろう。

なお、一巻の分量からすれば兼好伝が隠逸伝に収められたとしても問題はないと思われるから、分量の問題は全く除外されてよいであろう。

◯

「梅里先生碑陰並びに銘」には相続と修史と人生観（特に隠居後）の微妙なからまりが述べられているが、自らの行実として重視したのは修史と相続であった。またそれ自体は口外しても他人には不審に思われないことであったが、ともに大義に係わることであるから格調の高さとともに慎重な表現が採られているといえよう。もとより相続は隠居と密接な関係にあったが、そのことは『義公遺事』九項に「御身総領ニ御立被成候テハ、大義チカヒ（違い）申ト被思召」とあり「六十三ノ御歳御隠居被成、スキト御願成就ノ由、御喜不大方也」、すなわちその喜びはひととおりではないとの記述によって明らかである。

このような義公の深意に思いを致す時、無条件で隠逸伝の人物を称賛したわけではないであろう。確かに義公は隠居を成し遂げ、晩年の十年間は隠棲生活といえるが、決して世捨て人だったわけではないからである。それは世の権勢と交わりを絶ち、名利を超越した隠士という意味であって、直接に表立った政治的なことは控えつつも修史に精出して史臣を指導する一方で、領内をくまなく巡遊して領民と直に接触し、裏面から綱条の藩政を支えているからである。

また同時に、源顕基に同情し、寄り添う思いを修史の中に実践（隠逸伝に収録）したことも義公を考える上で重要なことに違いないのである。

六　義公の仏教観――心越禅師との心交を通じて――

義公の仏教観はいかなるものであったろうか。ここでは心越禅師（以下、禅師と記す）との心交を通じて考えてみたいと思う。まずは菊池謙二郎氏『水戸学論藪』に収める「水戸学の意義（再説）」の一節から紹介しよう。

かの自作の梅里先生碑文の中に「尊神儒而駁神儒」とある。是れが即ち自ら尊信する神道の意義が一定せざることを表示すると共に絶対に尊信する神道が如何なるものか、不明である証左である。但し解釈の次第によつては意義が明瞭となり絶対に尊信することに解されるのである。例へば心越禅師は「尊神儒而駁神儒。崇仏老而排仏老」を釈して其の尊信する神儒は実在で仮でないもの其の駁撃する神儒は擬似で真でないものと断じたが一句中の同語に就いて二様の意義ありと見るのは正当の解釈であらうか、首肯しがたいことである。然ればいかに解釈すべきかといへば一様の意義に解して然るべきである。

ここで菊池氏は禅師の解釈に異議を唱えているのであるが、この禅師の解釈の典拠は徐興慶氏が『日本漢文学研究』第三号収録「心越禅師と徳川光圀の思想変遷試論」で言及される「天徳禅寺入院

開堂語録復啓」（開堂式は元禄五年）であろう。徐氏は義公が、

> 此の文句は乃ち我藩の精神の在する所、絶て刪除すべからず。即ち此の文句の内容をして後世の責難に遭わしむるも、吾人亦た苦と為さず。

と述べたことも紹介されている。もともと、この箇所は義公が吉弘元常に腹蔵なく意見を求めた時（元禄四年六月）、儒仏の論は気に入らなくともこのままに指し置きたいと付加していたことであった（名越時正氏『水戸史学先賢伝』収録「菊潭吉弘元常」）。

一方、禅師と親交があった森尚謙は儒仏一致を主張していたのであるから、義公が「物に滞らず、事に著せず」と述べたことは「神儒を尊んで神儒を駁し、仏老を崇めて仏老を排す」と通ずるものであり、それが草案以来の念願であったことに思いを致せば、尚謙の説くところにも明らかに一理があるということができよう。

なお、尚謙は仏教擁護のみでなく神道にも言及しており（『護法資治論』補遺下の「神道至徳」の項目）、国史における神道の役割をも論じていたことを付記しておこう。

さて、もう一つ杉村英治氏の言及を紹介しておきたい。禅師が住持となった天徳寺（後の祇園寺）の開堂式に関してのものであるが（『望郷の詩僧　東皐心越』）、典拠は徐氏と同一であろう。

> 心越の応請文は、来航の事情と、宗教者としての自覚をもって応じたもので、「随教の迹は、凡は聖にあらず、聖は凡にあらず、帰仏の心は、俗は即ち真、真は即ち俗」と凡聖一如の真諦、さらに「東魯の書を読まざれば、なんぞ西来の意を知らん」と、儒仏の融合を説くが、ついで、

「梅里先生墓碑陰」の、「神儒を尊んで神儒を駁し、仏老を崇めて仏老を排す」を引いて、光圀が似て非なるものを斥け、実にして仮でないことを尊んだとするのは、誤りではないにしても、自宗顕正に急で、我田引水の感もある。

また、侍医であった井上玄桐によって「神道は神道、仏道は仏道、修験は修験、おのおのその道を専らにして他を混雑してはならないと教えられた。僧侶に対してもその本来の宗旨に他宗派の宗旨をまぜこぜにすることをおおいに嫌われた」「度々仰せられたことは、孔子の教えは煎じつめれば仁の一字に集約され、釈迦一代の説法は慈悲の二字を説き続けたに過ぎない。政治に当たっては慈悲を専らにすべきである、と。このことはくり返し仰せられた」（『玄桐筆記』九七項）と伝えられていることも義公の仏教観を探る重要な示唆と思われる。

○

儒仏の把握について義公の思いが窺える詩がある。それは『常山文集』巻一に収める「太古山清音禅寺に遊ぶ」と題するものである。元禄三年五月、禅師とともに訪れた時の作である（住谷光一氏『水戸光圀の餘香を訪ねて』によるが、杉村氏の前掲書は元禄六年の作とする。『日乗上人日記』によれば六年六月三日に湊へ出かけるが、五月には西山から出た様子がないので三年の作とすべきであろう）。

我偶々(たまたま)招提(しょうだい)を訪ふ、門に入れば漸く亭午(ていご)、
松杉路傍を夾み、煙霞梵宇(ぼんう)を鎖(とざ)す。
流れを掲げて清音あり。山を指(ゆび)させば太古に似たり。

復庵洪基を開き、法雲慈雨を降らす。
境寂として孤猿馴れ、木密にして衆禽乳つ。
邂逅す磊苴の僧、値遇す方便の父。
暗かに聞く懸河の論、豁り得たり霧を披き観るを。
七盌（椀）龍茶を喫し、一喝雷鼓を轟かす。
異端大顛を質し、締交韓愈を扣く。
人生半日の間（閑）、亡慮八苦を忘る。

若干の語釈を加えよう。「招提」は寺院、「亭午」はひるどき、「梵宇」は寺院、「復庵」は復庵宗己（大光禅師）、常陸高岡の法雲寺で延文三年寂、「洪基」は大きい事業のもと、「磊苴」は志が大きく小事にこだわらないこと、「値遇」は出会うこと、「方便」は衆生を導く教え、「懸河」は水が激しく流れて止まらないさま、その弁論、「龍茶」は杭州郊外の銘茶、「雷鼓」は雷のとどろく声、「大顛」は唐の大顛宝通、広東の潮州山在住、「韓愈」は韓退之のこと、「締交」は交わりを結ぶ、「亡慮」は細かいことを考えないの意である。

この詩のなかでは「異端大顛を質し、締交韓愈を扣く」の句に留意しよう。韓愈は「論仏骨表」を著わすほどの排仏論者であった。「論仏骨表」は四六駢儷体の名文であり、時の憲宗皇帝に上表した排仏論として知られる。その韓愈が潮州に左遷され、その地で仏者大顛と儒仏の優劣を論争したが却って親交を結んだというのであるが、それを表現した一句である。儒者も仏者も、それぞれの主張を維持しつつも共に存在できるということであろうか。

いずれにしても、「質」や「扣」には「問」（いわば ask）の意を含むから、大顚と韓愈の故事を想い浮かべながら儒仏を深考したのであろう。おそらくこの詩は禅師に示されたはずである。そして、翌年に成る「梅里先生碑陰並びに銘」中の「尊神儒而駁神儒。崇仏老而排仏老」の句として結実し、さらに翌年禅師の解釈が「入院開堂語録復啓」として示されたのであろう。

○

今井弘済は安積澹泊とともに朱舜水に学んだが、澹泊とは異なって排仏思想を懐いてはいなかった。弘済の「批仏骨表本論」はそれを示すものである。いうまでもなく韓愈の「論仏骨表」を批判したものであるが、管見には及んでいないので『水戸学論藪』の記述を引用しよう。

> 是れは韓退之の有名な『論仏骨表』を吟味し批難したもので、韓退之は全く仏教の起源さへも知らなかつた。従つて仏道の高妙な旨味などは知る筈がなかつたから、時の天子憲宗の惑を解くことの不可能であつたことは言ふまでもなく、人を服せしむることも出来なかつたのである。欧陽修も亦仏教を排撃したが、是も亦韓退之と同じく仏教の起原も歴史も知らずに論じてゐるのであつた。蓋し韓も欧も初めより仏書を不正の書であると見做して仏書に手を触れなかつたのであるから、何等の考証もなく意のままに筆を下したので却て異端の徒をして其の疎笨乖謬（そほんかいびゅう）（愚かな誤り）を笑はしめた。

森尚謙と今井弘済は仏教を認めて取り入れようとしたが、安積澹泊は排仏を維持した。澹泊や弘済の師である朱舜水も実は仏教を批判していたのではあるが、水戸では表明した形跡がない。それは、恐らく義公との関係がもたらした結果といえるかもしれない。

『常山文集』巻十七に収める「心越禅師の岱宗山に住するを賀するの啓」に「根荄（根っこ）は震旦の旦に培ふと雖も将に花実は皇朝の朝に結ばんとす」とみえるのは義公の仏教観を示す一句として玩味すべきである。

七　義公と心越禅師将来の「覚世真経」

「覚世真経」というのは、明末清初に流行した善書（勧善の書）の一つであり「関聖帝君覚世真経」の名で知られるが、日常生活の道徳規範を説いた書物のことであって、いわば関帝（関羽）信仰の一つの表出といってよいものである。この一文は義公に招かれた明の渡来僧である東皐心越（延宝九年に招かれて水戸の天徳寺、後の祇園寺住持となった曹洞宗の僧）が将来したものであるが、以下に若干の考察を試みる。

「覚世真経」という一文は『東皐全集』の末尾に収められているが、七〇〇字程度の短文（漢文）である。掲載にあたっての経緯を述べた緒言（編集者の浅野斧山による。明治四十四年一月元日付、『彰考館図書目録』には明治四十四年刊行本がみえている）によると、武運の守護神であり、消災生福の神として祀られている漢の寿侯関羽の志を述べたもので、廟印とともに将来し、義公に示したところ公は我が国の道義の一助に適するとのことで開版訓読せしめたという。幸いに、祇園寺に享保十五年八月再版の一本が残っていたので、それによって翻刻したというのである。

緒言には再版とみえるが、延宝五年に刊行されたという報告もある（秋山高志氏『近世常陸の出版』）。

もし延宝五年とすれば、水戸招聘以前のことであり長崎に来た年となるから疑問を禁じ得ない。ただ、義公は心越が将来した『韻府古篆彙撰』（元禄十年、天徳呉雲法曇の序あり）を刊行していることからして、延宝五年刊行説は否定されるとしても義公の意向による刊行は十分に考える余地があろう。

ところで、著名な心越研究者である永井正之氏に「東皐心越と関帝信仰――『覚世真経』と金印の将来――」（『駒沢大学仏教学部研究紀要』第七十一号収録、平成二十五年三月刊行、以下永井氏の論文と表記する）という長文の論文があるが、本章のほとんどはこの論文による知見である。「覚世真経」の本文を紹介する前に、もう少し心越との関わりを述べておこう。

永井氏の論文にも引用されているが、酒井忠夫氏『増補中国善書の研究』下巻に次のような記述がある。

『覚世真経』の覆刻は、心越禅師によって行われたという。心越は延宝五年（一六七七）に長崎に渡来し、天和元年（一六八一）に光圀に招かれて江戸に上り、同三年水戸に移り、元禄四年に水戸祇園寺の開山となったが、彼は渡日する時に『関聖帝君覚世真経』を将来してきた。この経を水戸の義公に示したところ、その道義の一助に適するを以て、命じて開板訓読せしめた。心越は享保八年に歿したが、その後享保十五年再板が出され、それが水戸祇園寺に存しているといわれた。しかし今度の戦災のため全部烏有に帰したので現在は伝存していない。心越の『覚世経』の初版を延宝五年のものとする報告があるが、彼が光圀に会ったのはそれから数年後であるから、延宝五年に開板される筈がない。とにかく長崎版の『覚世経』より先に心越の『覚世経』が、水戸で版にされたことは信じてよいであろう。

文中の享保八年は元禄八年の誤記であるが、先に述べたように『全集』の緒言の記述によっていることが窺える。ただ「今度の戦災のため全部烏有に帰した」というのは事実ではないと永井氏は述べられている。

いずれにしても享保三年に刊行されたことが明らかであると酒井氏は同書で何度も述べられているが、水戸藩で刊行された『覚世真経』の閲覧には及んでいないようである。

○

『覚世真経』の本文は次のような書出しで始まる。引用は『全集』による。

人生まれて、世にあらば忠孝節義等の事を尽くすを尊ぶ。方に人道に於いて愧づること無ければ、天地の間に立つべきに庶幾し。若し忠孝節義等の事を尽くさずんば、身は世に在りと雖も其の心既に死せり。生を偸むと謂ふべし。

また、中程に具体的な項目を掲げた箇所がある。

天地を敬ひ、神明を礼し、祖先に奉じ、雙親に孝あり、王法を守り、師尊を重んじ、兄弟を愛し、朋友に信あり、宗族に睦び、郷隣に和し、夫婦別あり、子孫に教ふ、

以上のような漢文体の文章なのであるが、幸に和文体の文章も伝えられているので紹介しよう。典拠は永井氏の論文である。なお、『全集』では省かれているが、元来漢文体の文章には序も付されていた。序は和文体の文章にもみられるが省略する。

人、此世に生れては君に忠を尽し、親に孝行して、節義等の事を行ふを貴ぶ。惣じて人たるの道におゐて愧る事なくしてこそ、天地の内に立つべし。若(もし)忠孝節義等の道を行はずしては、縦(たと)ひ身は此世に存生すといへども、其心は死せるに異ならず、誠に生を盗といいつべし。凡人の心は則神(かみ)也。神は則心にして、心に愧る事なき時は、神に愧る事なし。若心を欺(あざむ)く時は則神を欺く也。此故に徳ある君子は天地を畏れ、大人を畏れ、聖人の言葉を畏れ、天知、地知、我知、汝知、是を四知也と恐れて、其独りを慎むなり。人なき所とて欺く事なかれ。陰くらき所なく顕れて恥多し。立居(たちい)にも神明鑑給ふ。十人の眼にて見、十人の指さすごとくなるは、是道理の自然なるもの也。況や物事の報は明にして毛頭もたがはざるおや。抑(そもそも)の悪行は淫欲を始にし、万事の善事は親に孝行を本とす。勿論道理に逆ふ事ある時は心に愧る事あるもの也。無理なれど利有によりて行はんと思ふ事なかれ。理に叶ふ事有時は心に愧る事なきものなり。されども利なきによりて行ふまじきと思ふ事なかれ。若我が教に背かば、こふ我刀を試みせしめん。

天地を敬ひ、神明を礼拝し、先祖を祭り、両親に孝行に、王法を守り、師匠を重んじ、兄弟を愛し、朋友に信あり。一家睦まじく、同郷を中能(なかよ)く、夫婦の間正しく、子孫に教へ、常に方便をつとめて、広く陰徳を積み、人の難儀を救ひ、人の急難を助け、みなし子を恵み、まずしきを憐み、廟宇を建立し、書籍を版行し、薬を与へて病苦を救ひ、茶水を施して渇を止め、殺生を禁じて放生し、橋を掛、路を作りて往来の人をやすんじ、寄所なきもの、困窮なる輩を取たて、又は米粟を重んじ福を養ひ、人の難にあへるを解き、喧嘩口論をなだめ、金銀を抛ち善事をなし、教を設て人を能筋(よき)に導き、讐敵(あだかたき)を和睦せしめ、升秤を廉直にし、徳ある人に親み近づき、あしき人を遠ざけ、人の悪き事をほひ隠し、人の善をほめ顕し、物を恵み民を救ひ、心をひるがへし能道に向ひ、あやまちを改て、自ら新にし、悪念を去て、善心専にし、一切の善事を信の心にて行ふ時は、其功を人いまだ知らずといへども、神明は早くしり給ひて、福を加へ寿命をまし、能子孫を給はり、災をけし、病を減じ患来らず、人物共に、安寧ならしめ、吉星(よきほし)照し耀て護り給ふ。

若(もし)悪心をたくはへ、善事を行はずして、人の妻女をおかし、人の婚礼を妨げ、人のほまれを損さし、人の芸能を妬(ねた)み、人の財宝を貪り、人の経営(いとなみ)を奪ひ取、人の公事争ひ事をすすめ、人をたおして、己がためにし、家を富し身を潤し、扨又、我身の難儀なる時は、天を恨み地を恨み、雨をののしり風をいかり、聖賢を誹(そし)り、神明を侮(あなど)り、其像を穢(けが)し失ひ、ほしいままに牛犬を殺し、貴き文字を書たる反故を捨てけがし、勢によりて善人をもはぢしめ、我富るままに貧なるものをおしかくし、人の骨肉を不和にし、人の兄弟をへだて、正しき道を論ぜず、奸盗邪にて剰(あまつさ)へおごりを極め、詐(いつわ)りを好み、倹約を守らず、五穀をもかろんじ捨て、恩を蒙りて報ぜず、心を欺き、われと我心をくらまし、ふたます似せばかりをつかひ、邪(よこしま)の教へをいひたて愚人を誑(たぶらか)し、天にものぼると信(まこと)しがほに欺き、人の物を取集め其物にて却て邪淫を行ひ、種々に言葉をかまへて明に欺き人にはましいつわり、目の前にて誓言をたて、かげにては害せんと計り、天理を存せず、人心に逆ひ、物事の報の明にある事を信ぜずして、人をすすめて悪をなさしめ、少の善をも行はずして、諸の悪行をなす輩は、公事口舌水難火難盗賊悪毒瘟病にあひ、又は家業を敗り、不善なる子孫を生じて、身を害し家をたをし、男子は盗みに女子は淫乱に有て、其報近きは其身に蒙り、遠きは子孫に及び、神明常に鑑察ありて、罰と利生と少もたがはず、善悪の二行は禍福のわかるる所、善を行へば、福を報ひ、悪をなせば、災を下し給ふ。我此語を作りて、人々此言のごとく行はんことを願へり。言葉は浅かれと、人の心身にをゐて大ひに利益あらん。若又我斯いへる事を戯れあなどらば、首をきり、骨を砕ん。能此経を読誦して此ごとく行はば、一切の悪事を消して、万の好事を集め、子を求ば子を得させ、命長からん事を祈らば、寿命を得させ、富貴功名、願所、尽く如意成就せしめたく、万の凶ひ雪の消るがごとく、万の慶祥は雲の集るがごとし。此のごとくの祥福は、皆をのをの作業善事の致す所也。我本より私なし。惟善人をたすく、諸の善事を行ひ、志を励まして、暫くも怠る事なかれ。

　世上にすすめ給ふ箴に

好人となれ、好事を行へ、好書をよめ、好詞をいへ

　此四句、関聖帝君常々いましめの言葉也。是を記して、人々に速にかへりみ察せしめ給ふ者也。

以上三段に区切り、ルビ、送り仮名などを若干補って掲げた。漢文体の部分と比較すれば、明らかに和文体は漢文体と全く同一の内容であることが知られるが、一瞥して道徳的訓戒であって儒学的な

ものといえるであろう。以下、若干のコメントを付加する。

一段目は総論であり、儒学倫理の基本を述べたところであり、例えば次のような吉田松陰「士規七則」の一条目に通ずるものがあろう。

凡そ生まれて人となる。宜しく人の禽獣と異なる所以を知るべし。蓋し人に五輪あり。而して君臣父子を最大となす。故に人の人たる所以は忠孝を本となす。

漢文体の「生を偸む」というのは生を愛し死を惜しむの意であるが、この出典として李陵の「蘇武に答ふる書」があげられるけれども、和文体での言及がみられないのは広く一般大衆を対象としたからであろう。

二段目では為すべきことを具体的に述べ、三段目では為してはならないこと、いわば人としての戒めを微に入り細にわたって教え諭している。そして末尾の四句はまとめであり、それまでに述べた内容を実践するための方法手段ともいうべきものであろう。それが勧善懲悪的な関聖帝君の戒めとして語られているわけである。

○

義公がこの「覚世真経」（いうまでもなく漢文体のもの）をみて刊行したとすれば、当然のことながら内容に賛同し共感を覚えたからに相違あるまい。しかしながら、今具体的史料によってそれを跡づけることはできないが、『年山紀聞』巻一や『西山遺聞』下に収める「節倹」という一文をみれば十分にあり得ることかとも思われる。

西山公常にのたまへらく、天下国家の主より士庶人にいたるまで、倹約を第一の徳とす。今や天下久しくをさまりて、人々おぼえずしらずに、衣服馬鞍腰刀のかざり。もろもろの器物食物家作りにおよぶまで、男女ともに奢侈におもむきたるゆゑに、その国用家費たらはず。（中略）士庶人のせばき家の内とても、程々にしたがひて倹約をまもれば、親類友だちをたすけやすく、子孫に芸術をしふるもまどしからず。

もとより、ここで述べられている倹約が直接に「覚世真経」と一致するわけではないけれども、通底するものがあることは認められてよいであろう。

なお、『水戸史学』第十三号に宮田俊彦教授の「心越禅師の覚世真経」という一文が掲載されているので紹介させていただく。

八　義公と日光梶

日光梶といっても一般には馴染みがないかもしれないが、将軍家光に仕えた武士である。名を梶定良というが、この人物を義公が讃えているのである。いったい、日光梶とはどのような人物であったのか。また義公との関係はいかなるものであったのか。

山本北山（ほくざん）は江戸中期の反徂徠派の儒者で、大窪詩仏（しぶつ）や宮本篁村（こうそん）・茶村兄弟の師として知られ、また長久保赤水が藤田幽谷を神童として紹介した人物でもあるが、その北山の『孝経楼漫筆』（日本随筆大成・第三期第九巻に収録）巻二に「日光梶」という一文が収められている。

日光の梶の事は、三河の梶にて、本多家の御附人梶金平と同じ流にて、今も御旗本衆に梶二郎兵衛とて候。同じき筋に候。四郎兵衛と申が子にて、わかき時金平とか申候て、猷廟（ゆうびょう）の御代に仕へ奉りて、至極の貞愨（ていかく）なるむまれにて、御髪などをも上げ候ひしかと覚候。御他界の後、御遺骸を日光に納め参らせ候に至りて、年来御側に奉公仕候某に候。御霊前朝夕の御奉公仕り度よしを申出られ候らひし。其外には、誰かは如此の事申べく候やうも無之候に、奇特千万の御沙汰にて、御霊屋（みたまや）の預りと申事に御申付候。扨日光へ引越候と、死し候日に至るまで、朝夕に二度づゝ、御霊屋え参詣、掃除以下に至るまで、御在世の奉公に、一事かはる事なく勤候ゆへに、叙爵被仰付。左兵衛佐に任じ候は、承応中の事にも候ひしが、申に及ばず、男女の色欲は沙汰にも及ばぬ事にて、四十年を一日のごとく候ゆへに、憲廟の御時に、四品になされ左兵衛督にて、おのづから日光殿様のやうにて、八十余歳にて卒せられ、（姓名は定良）今に神のやうに、日光の所の者はさて置、衆徒并門跡の門下、ことごとく申沙汰に候。此人なくなり候て、日光の事司り候ものなく候ゆへに、始て奉行と申すものは出来候。近代奇代の人物に候き。（白石紳書）

北山云、御奉公いたし候もの、たれもかれもかくあり度ものなり。

以上が全文であるが、文意は難しくないであろう。日光梶はすなわち梶定良のことであるが、定良の事績を短い文のなかに平易にまとめている。問題なのは末尾に「白石紳書」とみえることである。いうまでもなく、これは出典を示しているが、実はこの関連記事が『新井白石全集』第五巻や日本随筆大成第三期第十二巻収録の「白石紳書」（あるいは白石先生紳書）には収められていないのである。それはかつて森銑三氏が指摘され（『日本公論』第二十巻第四号所載「梶定良と徳川光圀」や同氏著作集第十一巻収録「紳書に就いての疑問」）、日本随筆大成の北川博邦氏による解説も森氏に従っている。

しかし、筆者は北山の注が誤記であり、森氏や随筆大成の解説は調査不足ではないかと思う。それは『新井白石全集』五巻収録の「白石先生手簡」に次のような一節を見出すからである。

日光の梶の事御たづねに候。これは三河の梶にて本多中務家の御附け人梶金平と同じ流れにて、今も新番衆に梶次郎兵衛とて候と同じき筋に候被仰下候。梶は四郎兵衛と申すが子にて、わかき時金平とは申候て猷廟の御時の小納戸衆に候き。小姓のちなみなど申す事の沙汰に及ぶ人にては無之候。至極の貞慤なるむまれ故に御気にも入り、御髪などをも上げ候ひしかと覚候。御他界の後に日光へ葬りまいらせ候に至りて、年来御側に奉公仕候某に候。御霊前廟夕の御奉公仕りたき由を申出られ候。此時は小姓にて御寵愛の衆は一人ものこらず殉死めされ候。さて其外には誰かは如此の事申べく候やうも無之候に、奇特千万の御沙汰にて御霊屋の預りと申す事に御申付候。さて日光へ引越候より死し候。日に至るまで朝夕に二度づつ御霊屋へ参詣、掃除已下に至る迄御在世の奉公に一時かはる事なくつとめ候故に、叙爵被仰付左兵衛佐（姓名は平定良本書朱書洞岩筆歟）に任じ候は、承応中の事にも候ひしか申すに及ばず、男女の色欲は沙汰にも及ばぬ事にて四十年を一日のごとく候故に、憲廟の御時に四品になされ、左兵衛督にてをのづから日光廟のやうに八十余歳にて卒せられ候。今に神のやうに日光の所のものはさておき、衆徒并に門跡の門下ことごとく申沙汰候。此人なくなり候て日光の事つかさどり候ものなく候故に、始て日光奉行と申すものは出来候。近代奇代の人物に候。

これは佐久間洞岩（どうがん）（巌）宛書簡四十三号で享保九年三月十二日付である。書簡番号は荒川久壽男教授によるが（『水戸史学の現代的意義』収録「知られざる水戸光圀の一面を仰ぐ」）、教授は同論に一部省略はあるが引用されている。いま、この両者を比べてみれば「白石先生手簡」文を下地として「日光梶」の一文が成立していることは認められてよいであろう。白石は洞岩の質問に答えたのであるが、白石のこの書簡はかなりの長文で、この一節のみが何故に『孝経楼漫筆』に収められたのか、不明である。

あるいは手簡から直接の採取ではないのかもしれないが、差し当たっては末尾にみえる「白石紳書」に留意せねばなるまい。今日においてもなお「白石紳書」の成立には不明なところがあるから、もし仮に紳書そのものに「日光梶」の一文が収められていたとしても、それは洞岩宛書簡と類似のものであったろう。

もとより、幕府人である白石は定良の事績を承知しており、「近代奇代の人物」と評価していたのである。

○

北山は末尾に「御奉公いたし候もの、たれもかれもかくあり度ものなり」との感慨を吐露したが、つとに日光梶の生涯に感動し、これを顕彰した人物がいる。すなわち水戸義公である。その証拠の第一は「西山過去帳」（『水戸義公全集』上巻に収録）の五月十四日の条に、

元禄十一寅　梶左兵衛佐定良

と記し、下部に「照光院月嶺円心大居士剃髪名左入。年八十七。」と割注して、左兵衛の傍らに「従四位下」と付記したことである。義公の薨去は元禄十三年のことであるから、最晩年の記録としてよいが、そればかりではない。定良が歿した元禄十一年には「梶左兵衛督を祭るの文」（『常山文集』巻二十、前掲全集に収録）をものして悼んだのである。この祭文の全文は次の通りである。

曽て聞く、孝子、親の墓に廬する者有りと。未だ忠臣、君の墓に廬する者有るを視ず。今や居士に於いて観る。居士諱は某、字は某、佐入と号す。居士蚤歳、大猷公に事へ、夙に夜に、公の傍

に左右し、食飽かず、眠り熟すること無く、寵遇の忝きを拝し、恩沢の潤ひに浴す。公一たび疾に臥し終に起たざるや、居士血に泣き声を呑み、心を刺し腸を断ち、柩に二荒に従ふ。其後日ならずして清廟落成す。居士昼夜に伺ひ、風雨に候し、之に臥し之を掃ひ、親しく自からして他力を労せず、悄然として存するに事ふる如く、厳然として生けるを見るが如し。一日も怠り無く、茲に四十有七年なり矣。今年五月二十一日、居士晏然として逝く。嗚呼哀しい哉。居士素と馬を好み、暇有れば之に秣ひ、之に飲ましめ、其の趣を得ることを楽しむ。予、頃、冀北の産を得、将に之を居士に授けんとす。素志遂げず。之を如何ともする無し。是に於いて金を法幢院の僧に嚫し、仏事を作して彼の冥福を助け、馬を庭前に援いて、神に賽して薦む。予旧知の恩に報ずるに非ず。唯忠信の義を旌はすのみ。愁情を写さんと欲して筆鋒胸を衝き、哀詞を述べんと欲して硯滴涙を添ふ。嗚呼哀しい哉。居士一たび君の墓辺に廬してより、影、山を出でざること四十七年。曩に清廟に候し、今は黄泉に従ふ。生きて仕へ死して仕ふ。弥高く弥堅し。

若干の語釈を試みると、「蚤歳」は若いとき、「大猷公」は徳川家光、「悄然として」はぞっとしてたちつくす・おそれる、「晏然として」は落ち着いたさま・やすらかなさま、「硯滴」はすずりの水差しのことで、「冀北」は領内の北を指す。「法幢院」については『義公遺事』に「玉造村ノ法幢院ニテ、左兵衛佐追善ノ法事被仰付」とみえている。

文中に「茲に四十有七年」とみえるのは将軍家光の薨去した慶安四年から四十七年目が元禄十一年ということを意味するが、「五月二十一日」とあるのは過去帳記載の十四日が正しい。それはともかく、家光薨後只管墓前に仕えた一途な思いに感じた義公の深奥が吐露されている祭文であり、まさに哭泣といってよいであろう。義公の祭文として伝えられるのは藤夫人・林彦復・大猷公・文恭先生・弟頼元・厳有公の六名に対するものであり、これに加えるのがこの梶左兵衛である。妻、友人、兄弟、師、そして将軍家に交じって、義公と直接の間柄にはない定良が含まれていることは驚嘆すべきことといえよう。

しかも「大猷公源公を祭るの文」の後に、

梶左兵衛督源叟、予が斯文を請ふ。叟や大猷公の近臣、朝暮に左右す。公薨ずるや墳墓の側に廬して、敢へて再出せず。人其の忠貞弥々堅く、節操撓まざるに感ず。因りて書して以て贈る。

（叟は老人に対する尊称、おきな）

とふれたことは、更なる定良の忠志への感動を示して余りあるものとなろう。

このような義公の感動は、例えば『義公遺事』や『桃源遺事』（巻三）に、あるいは『寛政重修諸家譜』（巻第五百六十四）に、そして林述斎衡の「左兵衛督梶君碑」（『事実文編』収録）に、さらに述斎の碑文は『日光山誌』巻二（植田孟縉著）に収録されて、後世に伝えられることになったのである。

蛇足ながら、栗山潜峰が執筆した「水戸義公行実」に「大風地震、馳書梶定良、問日光山神廟」とみえることを紹介する。また弓野国之助氏著『義公史蹟行脚』の行方郡「浜の東福寺」の項に、次のような記事を見出したので掲げておく。

その後公は梶佐兵衛督の追福万霊回向のため常行会を開行させ、毎歳使臣を派して十一月六日より十二日まで七日間立行三昧を勤行し、これを常例としたが、文政十一年十二月十日堂宇焼失して以来この事断絶となつた。

九　『桃源遺事』が伝える義公の尊王と尾張吉通

『桃源遺事』巻三の冒頭はよく知られた一節である。まずはそれを掲げよう。

西山公むかしより御老後迄、毎年正月元日に、御ひたたれを召れ、早朝に、京都の方を御拝し遊ばされ候。且又折節御咄しの序に、我が主君は天子也、今将軍我が宗室也、（宗室とは親類頭也）あしく了簡仕り、取り違へ申すまじき由、御近臣共に仰せられ候。

義公の尊王思想が窺える重要な記述であるが、今ここで検討しようとするのは後段の「我が主君は天子也」以下である。この義公の尊王思想は代々藩主や家臣に継承されるが、その一端は豊田天功（藤田幽谷の門人）が館僚である青山延光（青山延于の子）に宛てた書簡に窺える。あいにくと発信年年次が確定できないが、三月十八日付である。

書附を以て啓上仕り候。先日罷り出で候節、御直話申し候。常山御文集中、大猷公を祭るの文に、臣の字三か処これ有り。右は全く御若き時の御文章にて、常々の御言葉に、我が主君は　天子なり、今　将軍は我が宗室なり、と仰せられ候御見識に御相当遊ばされざる義、前輩右を改刻の議論御座候は、実に所見有て申され候儀、至当不易の論に御座候。（『貴重書解題』第十五巻）

「常山御文集」というのは義公の漢詩文集のことで、生前から編集されており、安積澹泊（彰考館総裁）が清書し、さらに新写本が作られて享保三年に精選本が成立し、後に刊行されている。「常山御文集」の件は後章にゆずるとして、ここでは「常々の御言葉」として引用される「我が主君は天子也云々」がみえることに留意しよう。それはこの言葉が義公を考える際に重要なものとして認識されていたことを示すからである。恐らく文面からして天功は『桃源遺事』によったのであろう。

○

この義公の言葉が、一部ではあるが尾張藩四代の吉通（よしみち）の家訓として伝える「円覚院様御伝十五ヶ条」の中にもみえるのである。円覚院は吉通の法号である。近臣（奥小姓）である近松茂矩（しげのり）が半世紀ほど後に集録したものではあるが、この第十二条目に義公の言葉が引かれているのである。次に、この条の前半部分を掲げてみよう。

御意（ぎょい）に、源敬公御撰み軍書合鑑（ぐんしょごうかん）巻末に、依王命被催事といふ一ケ条あり。但し、其戦術にはさしてこれはと思ふ事も記されず、疎略なる事也。然れども、これは此題目に心をつくすべき事ぞ。其子細は、当時一天下之武士は、みな公方家を主君之如くにあがめかしづけども、実は左にあらず。既に大名にも、国大名といふは、小身にても、公方の家来あいしらひにてなし、又御譜代大名と云は、全く御家来也。三家之者は、全く公方の家来にてはなし。今日之位官は、朝廷より任じ下され、従三位中納言源朝臣と称するからは、これ全く朝廷の臣なり。されば水戸の西山殿は、我らが主君は今上皇帝なり。公方は旗頭なりとの給ひし由、然ればいかなる不測の変ありて、保元・平治・承久・元弘のごとき事出来りて、官兵を催される事ある時は、いつとても官軍に属すべし。一門の好みを思ふて、かりにも朝廷にむかふて弓を引事あるべからず。此一大事を子孫に御伝へ被成たき思召にて、此一ケ条を巻尾に御記し遺されたりと思ふぞ。それに付ては、若官兵となりては、いづくいづ方に敵をうくべきも計られず。

この引用は『名古屋叢書』第一巻（昭和三十五年、名古屋市教育委員会発行）の収録本によるが、この条を含む九条から十四条は「御家訓」として収められており、その冒頭に「此六条は各別御隠密なる御家訓の由にて、奥田主馬と私ばかり、御寝の間へ召されて御相伝下されぬ」と記されている。「私」はいうまでもなく近松茂矩のことである。

ここにみえる義公の言葉の引用は、吉通が『軍書合鑑』の「依王命被催事」に関連してのものであるから、義公の言葉が発せられた際の状況とは異なると思われるけれども、伝えるところには文字こそ異なれ、かなりの類似を認めることができよう。具体的に確認してみると、傍線部が対応関係となる。

「我が主君は　天子なり、今　将軍は我が宗室なり」（『桃源遺事』）
「我らが主君は今上皇帝なり。公方は旗頭なり」（『円覚院様御伝十五ケ条』）

このような対応関係をみると、恐らくは『桃源遺事』そのものに拠ったとすることもあながち否定できないのではあるまいか。そこで、実際に吉通が『桃源遺事』をみることができたかどうかの可能性を検討してみることとしよう。

「御家訓」の六ヶ条は吉通の嗣子である五郎太のために遺したものであり、寵臣ともいうべき二人に内々に語ったものであるからには藩主になってからのものであろう。吉通は三代綱誠の第十子で、元禄十二年十一歳で藩主となった。父綱誠が四十八歳で歿したからであるが、正徳三年にわずか二十五歳で世を去っている。藩主在任は十四年であった。とすれば、藩主としての義公と直接に会ったことはなく、また西山隠居後にも会う機会はなかったとすべきであろう（義公の最晩年の一年半ほどの間は吉通の藩主就任直後にあたるが）。書簡などのやりとりも確認できないが、粛公綱条とは会う機会があったことは想定されてよいし（月朔の登城など）、綱条の子息吉孚が五郎太とともに江戸城で元服したことにも注目してよいであろう。

一方、「御家訓」の筆記者である近松茂矩は正徳二年に十六歳で通番（表小姓）となった。この時吉通は二十四歳、五郎太は二歳であるが、翌年江戸に下り、五月に側小姓となって元服したという。しかし、七月に吉通が歿してしまうので茂矩が側近に侍るのは五月から七月にかけての時期となる。したがって、この時期に「御家訓」が相伝されたとすべきであろう。それは「円覚院様御伝十五ヶ条」の末尾にみえる茂矩自らの記載によっても明らかである（吉通と茂矩の伝記については叢書の解説を参照した。解説は名古屋大学教授の佐々木隆美氏による）。

　右一冊は五十二年以前、円覚院様御直伝之趣、少しも私意を加へず輯録仕候。其節私十七歳、甚だ記憶つよく御座候。且筆記不仕、不可忘と御意を奉受候故、随分失念不仕候様にと奉存候得共、段々老衰仕り、近年は物忘れ仕候。其上、書は言を不尽候得ば、遺訓も数多可有御座候。又覚へちがへ、書誤り等にて、思召に違背之事も可有御座かと、旁以恐入奉存候、然れども、今更訂正可仕様無御座候故、先々今日迄存出し候旨、如此相認め指上之候。以上。

これによれば、半世紀以前のことではあるが必ずしも否定すべきことではあるまい。とはいうものの、この後書きには明和元年九月二十六日の日付が記されているから茂矩は七十歳である。いかに記憶に優れていても疑問が生じるのはやむを得ない。そこで佐々木氏は茂矩の著述から信頼の厚さと著書『昔咄（むかしばなし）』の記載などによって語り部としての役割を見ようとされるのである。特に『昔咄』の「星霜すでに二十有余年を経れ共、かく記すの日はただ其節の事共今の様におもひ出され、頻りに落涙止めがたくわずかに其万が一を記するのみ」という記述や先引の「御家訓」冒頭にみえる『軍書合鑑』の「依王命被催事」という一ケ条のことが『昔咄』第一巻（同叢書第二十四巻に収録）に記されていることにふれられているのはその証しといえよう。

ともかくも、若き吉通が「御家訓」によって伝えようとしたことはそれだけ重要性の認識の表れとしてよいであろう。

なお、『軍書合鑑』は尾張藩祖義直の著書で軍書として知られるが、茂矩は「本朝にて軍術正伝の書の最第一」とし、「依王命被催事」で筆を止めているのは神武天皇の道を得られたからであると述べている。

○

そうすると、吉通はいかにして『桃源遺事』にみえるこの義公の思いを知ることができたのであろうか。先にもふれたように吉通が「御遺訓」を語ったのが正徳三年の五月から七月に歿するまでの期間とすると、それまでに『桃源遺事』の内容を知ることができたということになる。そこで『桃源遺事』そのものの成立を探ることが必要となろう。

『桃源遺事』は江戸期に刊行こそされなかったが、義公の言行録の中ではもっとも写本の多いものといわれている。その成立は元禄十四年十二月であり、宝永七年十二月六日付の跋が付された写本の存在も確認できるという（『水戸義公伝記逸話集』の飯田瑞穂氏による解説）。元禄十四年は義公薨去の一年後、宝永七年は同じく十年後に当たるが、特に後者は土佐系統本であることをみれば広く流布していたことが推察されるのである。

そうとすれば、正徳三年までに流布本の写本を閲覧する機会があったのかもしれない。先にふれたように『桃源遺事』と「円覚院様御伝十五ケ条」の記事は、その伝える内容の順序も類似であるからである。

あるいは直接に『桃源遺事』に拠らないとしても、家臣等から義公の言行を聞き及んでいたのかもしれない。いずれにしても、義公の思いの一端が尾張吉通に伝わっていたことが確認されるのである。

なお、起稿するに当って『水戸史学』第二十四号（昭和六十一年）収録の田辺裕氏「尾張吉通の家訓について」を参照させていただいた。

十　義公と内藤義概・義英父子

『水戸義公全集』中巻に収める「水戸義公元禄九年御書草案」には内藤義英（下野守）宛の義公書簡、そして同「常山詠草」には内藤義概（左京亮）に贈った和歌が収められている。内藤氏は磐城平藩の領主であるが、下野守宛の書簡からみてみよう。

まずは二月二十六日付下野守への返報の一節である。

仍て中右記十冊請け取り畢ぬ、又々此度十冊指し越し候、早々御返答申入るべく処、遠方へ参り、昨日帰山候故、延引に及び候、

「中右記」というのは中御門右大臣藤原宗忠（御堂関白道長からみると頼宗・俊家・宗俊・宗忠となるが、頼通の系統では忠実が同世代となる）の日記であるが、寛治元年から保延四年（保延七年八十歳で歿）に至る院政期にかかる史料として知られている。その「中右記」が返却されたことを知らせる文面であるが、「昨日帰山」というから二十五日に西山に帰ってきたのである。実はこの二月は潮来方面に出かけており、十五日に鹿島神宮に詣でる予定であったが、それを取りやめ「しし狩り」の後に戻って来ていたのである。この文面からは「中右記」がいつ返却されたのかはわからないが、留守中に西山に届い

ていたのであろう。それで返報が遅れたというわけである。

「中右記」に関しては、これより三ヶ月ほど後の五月二十七日付返報にもふれられている。文面は次の通りである。

雲簡落手、暑気の節と雖も、愈々御堅固、珍重に存じ候。然れば書写相済み候由、中右記十冊遣わされ、受け取り申し候。下官恙無く候。尚、他日を期し候。恐々謹言

この書簡も受け取りの知らせであるが、返却の際に下野守の書簡が付されていたからであろう。十冊とみえるのは『彰考館図書目録』によると三十冊というから、さらに十冊を借りて書写したということであろう。

○

下野守宛はもう一通収められている。六月二十一日付であるが、冒頭の時候挨拶を除いて掲げると、次のような文面となる。

然れば扶桑拾葉集御所望の由、尤も容易の事に候。則ち一部進入せしめ候。此の書少々遠慮の事御座候間、広く御沙汰并に他見御用捨成せらるべく候。且つ又御望みの書目録遣わせられ候。此の書共所持致さず候。然れ共、若し一部もこれ有り候はば、穿鑿仕り、指し越し申し候様に江戸へ申し遣わし候。宗牧紀行は従前々所持仕り候間、写させ、跡より進め申すべく候。恐々謹言

これによると、下野守は『扶桑拾葉集』とその他の書の借用を義公に申し入れたことが知られるが、『扶桑拾葉集』については進入すなわち贈呈するということであろうか。ただ、その後に遠慮のこと

があるから広く他に見せたり話したりしないように願いたいと加えているのは興味深い。

この遠慮に関連して、元禄七年の伊達綱村宛と推定される義公書簡(同全集下巻)に、

> 此の書の事刊板の上は、秘し申し候事は毛頭これ無く候得共、右の通り遠慮共これ有り候間、他見は御用捨成され下さるべく候。若し何とぞ御見せ成され度方も御座候はば、親王の序文と下官表文とを御除き成され、御見せ成され候様にと存じ候。同じくは他見の義は御無用に成され下さるべく候。

とみえることと符合する。遠慮というのは朝廷に迷惑がかかることへの配慮である。だから、どうしても他見の場合は親王の序文と下官表文とを除いてほしいというのである。

文面からすると、『扶桑拾葉集』のほかにも目録によって借用したい書物を示したのであろう。「宗牧紀行」は恐らくは目録にみえる一冊であろうが、書写して要望に応えるというわけである。義公の丁寧な対応が窺える書簡といえよう。

なお、「宗牧紀行」は戦国時代の連歌師で足利将軍家の連歌宗匠を務めた宗牧の「東国紀行」のことであろうが、『扶桑拾葉集』には収録されていない。

内藤下野守は諱を義英、露沾と号した俳人として知られる。掲げた義公書簡からも窺えるが、古典への関心にはなみなみならぬものがあった。平藩の三代藩主義泰(義概とも称した)の次男(長男は早世)であるが、お家騒動に巻き込まれて藩主となることができなかった。四代藩主は異母弟の義孝(能登守)が嗣ぎ、義英は江戸で文人としての生涯を送った。俳人としては西山宗因・北村季吟、さらに松

尾芭蕉とも交遊している。

○

次に「常山詠草」巻二をみよう。いうまでもなく義公の和歌である。

しらざりき遠き境のなさけをも手に取文の上に見んとは

これには長い詞書が付されている。全文は次の通りである。

内藤左京亮義概朝臣、江戸より岩城へ帰り侍る道すがら、村松山日高寺の別当龍蔵院に一宿し侍りしとき、牀上にかざりをきし盆石を見て、しらざりき遠き境の海山も手にとる石の上に見んとは、とかきつけ侍りしを、あるじの僧、のちに予に見せ侍りしかば

村松山日高寺はいわゆる村松虚空蔵（こくぞう）のことであるが、帰国の途次に立ち寄った際に一首を詠じ、それを住持が後日義公に提示され、その機会に詠んだ歌であることが知られる。そうすると、この時にはすでに相知る仲であったのであろう。

なお、この逸話は若干の相違があるけれども『年山紀聞』巻五に「盆石の歌」として、また『桃蹊雑話』巻七にも収録されている。

次の一首は贈答歌である。詞書には「内藤左京亮義概朝臣に明月記をかし侍りければ、あきらけき月の光をみつしほの波路まよはぬ和歌のうら人、かへし」とみえている。

あきらけき月の光を君ここにをしへとなせる和歌の浦人

左京亮は明月と光圀の光を詠み込み、その光によって波路に迷うことなく和歌の道に勤しむという

のであろうが、義公は左京亮が月の光を教えとしていることに思いを寄せているわけである。下野守と同様に義公から書物を拝借していたことが知られる。

「常山詠草」巻一には「中川佐渡守内藤左京亮などとぶらい来て、春雨といふ題にて」の詞書で二首が収められている。

霧にあらず塵にもあらでしくしくと降るやふるのの春雨の空

横たてに雨のいともてをるはたのをりえてみする花のにしきか

中川佐渡守は豊後岡藩の四代藩主であり、内藤左京亮とならんで義公の周辺にいた文人大名の一人である。

◯

磐城平藩は七万石の領地をもつ譜代大名である。義概の父忠興は大坂城代を務めるほどの人物であった。もともと内藤氏は三河で徳川氏に仕え、磐城を領したのは四代目の政長であり、これが磐城平藩の初代となる。その子が忠興で、さらにその次が義概であり、風虎の俳号を持つ文人大名である。何冊もの句集を遺しているが、領主としての業績にはみるべきものがなく、むしろ混乱を招いた。政治は登用した松賀氏に任せきりで、その松賀氏は嫡子である義英を追い落として異母弟を藩主とし、また三河以来の譜代の家臣を抹殺するなどお家騒動を起こした。

平藩は義概と義英との間には父子の確執を生み、やがて九州の延岡に転封となり幕末に至る。内藤氏の後は安藤氏が領有し、幕末に出た老中安藤信正はその裔である。

内藤氏のお家騒動を義公がどのようにみていたのか知る由もないが、義概・義英父子と交流を持ったことは確認されるのである。特に、藩主となれなかった義英には同情を禁じ得なかったであろうが、先の書簡の背景にはそのような状況をみてとることもできるであろうか。

付記

文学史上の内藤父子の役割については、加藤定彦氏・檀上正孝氏・大村明子氏・松本麻子氏・楠元六男氏などが論じられている。

なお、映画で好評を博した「超高速！参勤交代」（平成二十六年公開、原作は土橋章宏氏、主演は佐々木蔵之介、リターンズという続編も制作されている）は湯長谷（ゆながや）藩の参勤交代（陸前浜街道を通過）をテーマとした小説であるが、義概の弟政亮に始まる支藩で一万五千石を領した。

十一　義公の多彩な関心

義公の関心は学問や芸能のみに止まらず、動植物にいたるまで実に多彩なものであった。以下には、その一端を探ってみたいと思う。まず、注目したいのは大庭脩博士の『日中交流史話』（平成十五年）にみえる記述で、享保年間に象が渡来したことを述べた一節である。

象のほかに、らくだ、オランウータン等珍獣が時に渡来し、江湖の話題となることがあった。目的は果たさなかったが『唐通事会所日録』には、水戸家の依頼でオランウータンを注文した例があり、逆に一八〇〇年、寛政十二年に入港したオランダ船は、「御用心当て」としてオランウータン一匹、シエリカット一匹を積んでいたが将軍家は買ってくれなかったということもある。徳川光圀は動物が好きであったのだろうか。一六六七年、寛文七年八月に入港した複数の咬𠺕吧船と太泥船、つまりジャカルタ、パタニの東南アジアより来航した船が、水戸様の注文として猿三匹、麝香猫三匹などを持ってきて引わたした記録が『唐通事会所日録』にある。

『唐通事会所日録』については後述することとして、義公の動物への関心は果たしてあったのか。あったとすればどのようなものだったのか。それは義公の言行録である『桃源遺事』（『水戸義公伝記逸話集』や『続々群書類従』第三史伝部に収録）が明らかにしてくれるのである。すなわち、巻五に次のような記述（一八五項）が確認できるからである。

> 西山公むかしより禽獣草木の類ひまでも、日本になき物をば唐土より御取寄成され、又日本の国にても其国に有て此国になきものをば、其国よりこの国へ御うつしなされ候覚し召末にしるす。

続いて、草之類、木之類、虫之類、介並魚之類、禽之類、獣之類と分類してそれぞれの名称を記載し、一部には注記も加えている。大庭博士のいわれる動物すなわち禽獣をみると、孔翠・青鸞・白鷴・鵲・鸚哥・五色鸚哥・錦鶏・鵞・紅雀・鴛鴦など二十種が禽之類に、また麞・羊・綿羊・唐猿・栗鼠・霊猫・豕・白鹿・白猪など十四種が獣之類にみえている。注記では青鸞に「御領内の山林に御はなち候」、白鷴に「同断」など、麞に「北領の山に御はなち候」、白鹿に「山林へ御はなち候」などとある。

そうすると、義公の関心は単なる好尚では捉えきれないと思われるが、恐らくは自然繁殖を目指していたのであろうし、またいわゆる殖産興業につながるものともいえよう。それはこの項の後半の「牧」という記述に明らかであるから、煩をいとわず掲げてみよう（適宜改行した）。

> 古来御領内には牧無之候所、
> 西山公多珂郡大能村に広野の御座候を御見立被成、其野へ馬とも多く御放ち候。且獵人共に御扶持方被下、狼の用心被仰付候。夫よりして野駒多く出来、大樹公へも御献上被成候。
> 又常陸には、海参・白魚・昆布涸沼浦に御まかせ、海参・海螺・魁蛤を武州より御取よせ、昆布

の石に付候を、松前より御取寄、大津浜・那珂湊へ御放候てより、はじめて白うを・海参・昆布出来、今は売買仕り候。国に益有之候。海螺・魁蛤等も段々出来申候。

又常陸の海に、蛤もとより有といへ共、風味不宜を、是亦武州より御取寄、多く御放ち被成候より、今は蛤もかくべつよく罷成候。

又宇治川より螢を御取寄、後楽園の池へ御放候。其後年々彼所に出候螢は、大きく光強く候。今以左様に御座候。また御領内に、漆楮枦（はぜ）多く御植させ、漆・帋（かみ）・蠟燭（ろうそく）の用乏しからざるやうにと思召候。

リヤウブをば上方にては雑に仕候を、此国にてそんじ申さず候処に、西山公北領の八溝山にて御見出し、土民共へ御教へ被成候。

亦木槿（むくげ）・三又（みつまた）・柳竹松の皮・麦稈（ばっかん）・稲葉・銀杏（いちょう）・真薦（まこも）等にて紙共を御漉（すか）せ候。

又野路・山路・田畑の道及び寺社の門前等並木を植させ、然べき所へは其所相応に、松杉桜桧榛（はしばみ）（本名ハリノ木一名大ハキ）、或は茶の木を植させ給ひ、又、暖国を好申草木をば、伊豆・駿河・安房・上総などへ被遣候。依之いつとなく今世に相見へ申物御座候。

西山公常々被仰候は、禽獣草木やうの物迄世話にいたし、ふえ候様にと存候事、全く身の為にあらず。日本の為を思ふ故也と仰せられ候。

海参・海螺・魁蛤はそれぞれ、いりこ・つぶ（マキガイの類）・あかがい（二枚貝）のこと。リヤウブ（令法）は木の名、床柱や良質の木炭として、木槿（むくげ）は庭木や生け垣として活用される。麦稈（ばっかん）はむぎわらのことである。末尾（傍線部）の一節にも明確に窺えるように、各地より集められた動植物は領内で飼育・植栽して物産化を目指し、富国（殖産興業）を意図したものといえよう。また快風丸の蝦夷地派遣などもそのための事業としての役割を担うものとして位置づけられるであろう。

「白うを」に関しては元禄九年三月十七日付の塙伊織（大宮司則長）宛の義公書簡や『大宮司日記』の同年三月十九日の条に義公が則長に「白うを目刺し壱箱」を贈ったことがみえているが、大津浜や那珂湊で水揚げされたものであろうか。

『義公遺事』は『桃源遺事』の資料として用いられたこともあって、この記述の概要は『義公遺事』にもみえている。一部を引用しておこう。

義公、珍禽奇獣草木等、異国の物を御あつめ被遊候は、少も御慰のためにては無之也。（中略）後々まで世間へひろがり、日本に有之候へば能候。風土相応の方に指置可申由、御意也。禽獣も土地相応の所え放ち被遊候也。（以下省略）

○

次に『唐通事会所日録』の記述について言及しよう。『唐通事会所日録』は長崎の通事仲間の執務上の日記ということであるが、今日では『大日本近世史料』（東京大学史料編纂所）に収録されている。現存するのは第二巻を欠いて都合九冊で、大庭博士が紹介される後半は第一巻（日録一）にみえており、関連部分は次の通りである。

一寛文七丁未之年八月十八日

一　さる　三疋　一　しやかうねこ　三疋　一　信石(しんせき)　百三拾匁
一　砂糖竹　三本　一　龍眼(りゅうがん)ノ木　三本　一　りちいノ木　三本
〆六色
右之六色、水戸宰相様御誂にて、三番咬𠺕吧・五番咬𠺕吧・弐拾三番太泥船・拾弐番船より持渡り申候。（以下省略）
一同九月十八日、一　信石八拾目、五番咬𠺕吧船より上ル、一　信石四拾目、弐拾三番　太泥船より上、
右者水戸様御用物之由にて上ル、（以下省略）

「水戸宰相様」は義公のことでこの年四十歳、藩主就任六年であった。「三番咬𠺕吧」はこの年に入港した三番目の船であり、それは咬𠺕吧すなわちジャカルタからやってきたことを意味する。同様に「弐拾三番太泥船」はこの年の二十三番目の入港で、太泥すなわちマレー半島のパタニからやってきたというのである。「六色」は六種類で、これらは四回の船で運ばれてきたわけである。九月十八日の条によれば信石百三十匁は二回分の合計ということになる。信石はヒ素の成分があり、龍眼はその実が漢方薬の材料として用いられたようであるから、要するに薬として購入したのであろう。りちい（茘枝）は龍眼に似た実を付け、うりの一種というが、食用であろうか。

また、寛文八戊申之年五月廿三日の条には「水戸様御誂物も如毎年可申渡之由被仰付候」とみえているところからすれば、継続して購入し役立てようとしたのであろう。そうとすれば単なる好尚によ

るものではないことは明らかであり、先の「牧」の記述には継続的な試みが段々に成果を挙げつつあったことを十分に読み取ることができよう。

十二　義公の『古葉略類聚鈔』蒐集

義公が若き日より古典に関心をよせ、古典と関連史資料の蒐集に努めたことはよく知られている。その蒐集した資料の一つに『古葉略類聚鈔（こようりゃくるいじゅうしょう）』がある。『古葉略類聚鈔』といっても一般にはなじみがないと思われるが、『万葉集』に収める二千百首余りを標目ごとに分類編纂した書物である。現存写本は建長二年の奥付を有する五冊五巻（奥付は四冊と書かれており、建長二年六月三日から同十一月二日における書写）であるが、元来は十二巻であったと推測されている。編纂者は奈良の春日若宮社神主である中臣祐定（一一九八—一二六九）である。「中臣氏系図」によれば、嘉禄（かろく）二年に父から神主職を嗣いで、その後三十数年にわたってその職を務めた。勅撰集に入集するほどの歌詠みとしても知られる。『古葉略類聚鈔』は長い間埋もれていたが、徳川の世になってから注目されるようになった。それは延宝八年、史料蒐集のために佐々宗淳が春日大社を訪ねたことに始まる。宗淳はその時の様子を次のように書き残している。

内々、殿様古風を御崇びなされ候段承り及び申し候故、何とぞ御用に立ち申す物一紙にても、社家中より出で申し候へば、社家の眉目に御座候とて何も取り持ち申し候社家の協力を得て、若宮神主中臣氏の所蔵記録の中から見出したのが『古葉略類聚鈔』であったのである。それを筆写して水戸に伝えたわけであるが、今日彰考館に現存しているという。その奥書には、

延宝庚申歳、南都春日若宮神主中臣氏家蔵本を以て之を写す

とある。庚申は八年であるが、この史料採訪が『南行雑録』としてまとめられ、元禄二年にも大串元善が若宮神主家を訪ねている。いうまでもなく南朝の事績を探るためであり、紀伝の考に備えるべくまとめたという(「題続南行雑録首」)。この『古葉略類聚鈔』がどのように活用されたのか、遺憾ながら不明であるが、史料採訪の余慶というべきであろうか。水戸家が契沖に『万葉集』の注釈を依頼した時には提供されなかったらしい。また、安藤年山の『年山紀聞』には万葉歌に関する言及が多くみられるが、『古葉略類聚鈔』が参照された事例は皆無である。

○

『古葉略類聚鈔』は平安時代後期に藤原敦隆によって編集された『類聚古集』を参照して編纂されたものである。それは両書の類似性、例えば標目、注記、誤字誤脱の一致によって明らかであるという。『彰考館図書目録』巳部歌書には、現存の書として『古葉略類聚鈔』を掲げ、さらに「藤原敦隆撰」「尾云、建長二年書写」「五」とみえているが、「藤原敦隆撰」というのは『類聚古集』と混同したものであろう。「建長二年書写」と「五」(五冊の意)とあるので、まさしく宗淳が蒐集したものと思われる。

ところで『古葉略類聚鈔』は五冊が現存しているが、そのうちの四冊はかつて国宝に指定されていたという。その存在は宗淳の探索によって水戸にもたらされたけれども、学界で活用されるようになるのは、荷田春満によってである。春満は中臣家の祐宗という人物が門人となったことにより、この書を得て校訂し『万葉集僻案（へきあん）抄』に引用することになったのである。その後、春満に学んだ賀茂真淵が『万葉考』において参照するのである。

さらにその後、大阪の商人で国学や鑑定に造詣深い江田世恭（ながやす）によって模写され、それが転写されることによって、多くの万葉研究家の間に広まった。例えば、加藤千蔭、荒木田久老（あらきだひさおゆ）、鹿持雅澄（かもちまさずみ）、足代弘訓（あじろひろのり）、尾崎雅嘉（まさよし）、木村正辞（まさこと）などである。

このような状況をみると、水戸に伝えられた一本はその後どのような経過をたどったのであろうか、義公が参照されることはあったのであろうか、との思いを禁じえない。今後の研究成果を期待したいと思う。

それにしても、『万葉集』研究の資料としてその価値を即座に把握した佐々宗淳の学識にも驚嘆せざるをえないのである。

○

それでは『古葉略類聚鈔』とはどのような内容を持つ書物なのであろうか。今日五冊（巻八・巻九・巻十・巻十二、および巻末詳）が知られることはすでにふれたけれども、この書物の類聚とは和歌を標目ごとに分類することである。例えば、巻八を例にとってみると、標目は里、故郷、関、道、衢、橋、井、屋舎、馬屋、門、戸、山桜戸、垣、籬、簾、席、薦、枕、黄楊枕、菅枕、薦枕、手枕、玉匣、鏡、櫛、蘰（かつら）、琴、弓、劔、笠、篋、履、杖、鐘、鼓、久流部、寸、多田有、針、嚢、垸、飯、酒、薬、燈、火、煙、湯、出湯、衣服、玉衣、衾、裳、袖、帯、紐、玉手衣、絹、布、糸、綿である。このうち井に分類された歌は九首であるが、

勝鹿之真間之井見者立平之水於家武手児名之所念

（カツシカノママノイミレバタチナラシミヅヲウコケムテコナシオモホユ）

三栗乃中爾向有曝井之不絶将通彼所尓妻毛我

（ミツグリノナカニムカヘルサラシイノタエズカヨハムソコニツマモガ）

などが含まれている。

『古葉略類聚鈔』の位置づけは必ずしも明確とはいえないかもしれないが、構成の関心からみれば、『万葉集』の検索に利便性をもたらしたことは認められてよいと思われる。また、田中卓博士によれば『古葉略類聚鈔』には『新撰姓氏録』の逸文がみえており研究史上頗る重要であるという（同博士著作集第九巻）。

なお、本稿起稿の因縁は佐佐木信綱博士の『万葉漫筆』（昭和二年）を拝見したことにある。他に但野正弘氏『新版佐々介三郎宗淳』及び西山菜穂氏の論文「『古葉略類聚集鈔』の独自性と編纂意図」を参照させていただいた。

附　『万葉集難事』の蒐集

彰考館に『万葉集難事』という冊子が所蔵されていることは川上新一郎氏の報告によって知られるが（『斯道文庫論集』二十二収録「顕昭著作考㈡」）、水戸の『万葉集』への関心を示す資料として考えてよいと思う。以下、この冊子について若干を紹介しよう。

『万葉集難事』は顕昭（平安末鎌倉初期の歌人）の著述であり『万葉集時代難事』ともいうが、『続群書類従』巻四五一に収められている。道因や勝命などの『万葉集』への言及を引用しながらそれに自らの見解を加えたものであり、いわば『万葉集』の時代背景の考察といえる著作である。彰考館本は袋綴の冊子で藤原俊成・定家の考察と合綴されているという。奥書の「元禄戊寅之夏以契沖蔵書校合了」や貼紙の「右万葉時代難事元禄四辛未秋小野沢／助之進於京師写之、今改名万葉時代抄」という記載からすると、宝徳元年菅原為賢書写系統本を元禄四年に小野沢助之進が書写したのであり、さらに元禄戊寅の年（十一年）に契沖所蔵本で校合するのであるが、散見される朱の返点・送り仮名・校合書き入れなどは契沖によるもので、この彰考館本からの転写本は東洋文庫や東京大学国文学研究室にも所蔵されているという。

小野沢助之進については『耆旧得聞』に、

> 小野沢助之進、初右京と称す。京師人、聖護院岩の坊の子也。女院の非蔵人六位に叙したるが禁

中の蔵人を望み達せず。後、義公に仕へ京師に在り。奇書を捜るを以て任とせり。其の子内記長貞、相継て此事を命ぜらる。

とみえている。小野沢が他にも文学関係の資料を蒐集したことは、『伊勢物語』の注釈書である『玉伝深秘』が彰考館に蔵することによっても知られる。この本は元禄十二年に京師で得たもので、原本は花山入道定誠（さだのぶ）公の所蔵であった。定誠は霊元天皇や東山天皇に仕えた公卿で、貞享元年に内大臣となり、同三年辞任し、元禄五年入道、宝永元年に歿した。

そうすると小野沢は入道後の定誠から得たのであろうが、彼もまた義公の命によって京都における資料蒐集に尽力した史臣の一人としてよいであろう。

十二　義公と『金沢蠹余残篇』

『金沢蠹余残篇（かねさわとよざんぺん）』は水戸の史臣が金沢称名寺にて採取した史料を収録したものであって、その時期は貞享二年である。相田二郎氏『日本の古文書』によると、その史臣は秋山久積（ひさつむ）（八兵衛）とのことであるが、秋山はこれに先立ち延宝九年には佐々宗淳や吉弘元常らの京都奈良の史料採訪に同道している実績もあるところからみても十分にあり得ることであろう（秋山については『耆旧得聞』及び『桃蹊雑話』巻六に記述がある）。

元来は彰考館所蔵の史料であるが、早稲田大学図書館所蔵の写本（以下、早稲田本と略記する。検索のタイトルには「金沢蠹余残篇乾坤」「徳川光圀撰」とある）によって概要を紹介することとする。この早稲田本には荻野蔵の朱印がみられ、荻野三七彦（おぎのみなひこ）教授の旧蔵だったことが知られる。末尾に次の二条の識語がある。

明治十八年七月編修副長官重野安繹（しげのやすつぐ）関東六県出張ノ時水戸彰考館文庫主管者津田信存ニ託シ其館本ヲ以テ謄写ス

昭和二年四月岩堀芳麿ノ筆ヲ賃シテ史料編纂掛本を謄写セシム

これによれば重野が津田をして彰考館本を謄写し（史料編纂掛本）、それを恐らくは荻野教授が岩堀に謄写せしめたものがこの早稲田本となる。したがって、彰考館本からは二度の筆写を経ていることとなろう（拙著『金沢八景と金沢文庫』参照）。

○

それでは『金沢蠹余残篇』にはどのような史料が収められているのであろうか。まずは「乾（けん）」の冒頭にみえる目次（実際には「坤（こん）」収録分も含む）を掲げてみよう。

①聖廟御事　②室生山奏状
③法曹類林残編　④諸寺縁起集残編
⑤遺告　⑥二間夜居記
⑦元寄日本書　⑧高麗寄日本書
⑨後江相公諷誦（ふじゅ）文　⑩相州禅門送蘭渓書
⑪藤頼経願文　⑫後醍醐帝敕書
⑬源尊氏願文　⑭仲範願文
⑮藤頼嗣元服記残編　⑯藤茂範状
⑰平顕時状　⑱貞秀劔阿慈洪酬和詩
⑲真野宗明状　⑳最勝菀寺供養
㉑実房範居事　㉒諸鞍日記

以上の二十二部の文章ということになるが、④はほとんどが縁起目録である。また⑨以降は坤の部に収めている。これらの題目は収録の文章の題目と異なる場合が多いのである。例えば、①は題目こそ同じではあるが「聖廟并時平大臣御事」と「聖廟贈官位御事」の二文が収められている。②は「室生山年分度者奏状」であり、③は「法曹類林巻第百九十二」で抄出であるから残編なのであろう。④は「諸寺縁起集」の下に二行書きで「興福寺等十一箇所」とあり、縁起の名称を挙げ、断片の記載がある。『栗里先生雑著』巻八に前田家の古籍調査の折のこととして「一日諸寺縁起集と題せる一古写本あるを披見るに云々」とみえるので、前田家には独立の写本が所蔵されていたはずである。⑤は「遺告諸弟子等応勤護東寺真言宗家後世内外事管合弐拾伍条状」である。⑥は同じ。⑦と⑧は直接の題目ではなく内容からの判断であろう。⑨は「敬白諷誦事」であり、末尾に「後江相公作」とある。⑩は同じ。⑪は題目はなく前欠で、末尾に「正二位藤原朝臣頼経敬白」とある。⑫は同じ。⑬と⑭はそれぞれ「願文」である。⑮は「頼嗣元服」である。⑯は「茂範上啓」である。⑰は同じ。⑱には題目はなく三首の記載である。⑲は冒頭に「真野左衛門六郎平宗明謹言上」とある。⑳は「最勝菀寺供養御所出御御供奉人事」である。㉑と㉒は同じ。

○

『本朝文集』は義公が編纂を命じたもので、我が国の古代から近世初頭に至る文章のうち、比較的短文例えば詔・敕・牒・表・願文・諷誦文・贈答文などを収録したものである。完成には至らなかったが、今日『国史大系』第三十巻に収められており容易に閲覧できる。その成立に関しては飯田瑞穂教授の研究（同氏著作集）を参照されたいが、この『本朝文集』に『金沢蠹余残篇』から採取した文章がある。それは次の通りであるが、文章名と典拠を記載のままに掲げ、また先に掲げた『金沢蠹余残篇』の番号も記すこととする。

与僧蘭渓書　平時頼　金沢文庫残篇〔坤〕⑩
上久明親王啓　藤原茂範　金沢蠹余残篇〔坤〕⑯
鶴岡宮前読法華経一千部願文　仲範　金沢文庫残篇〔坤〕⑭
後醍醐天皇贈釈忍性菩薩号敕　作者亡名　金沢蠹余残篇坤⑫

以上の四文はいずれも『金沢蠹余残篇』に収める文章の名称とは異なるので、『本朝文集』収録の際に改めたものであろうし、また典拠が同一でないのは『本朝文集』の校訂が未だ十分ではないことを証するであろう。

ところで、『本朝文集』には「金沢文庫願文集」を出典とした文章が含まれている。それは「後鳥羽天皇一日一切経供養御願文」「後鳥羽天皇逆修功徳御願文」の二文であるが、ただ「金沢文庫願文集」とともに「願文集四」とも併記されているのである。これはどう解釈すべきであろうか。通常であれば「金沢文庫願文集」と「願文集四」を別個の典拠とすべきであろうが、「供養吉祥院呪（じゅ）願文」には「金沢文庫願文集四」と記されているので、同一ともみられるのである。また単に「願文集四」（他に一から三もみられる）を出典とした場合もある。これらが金沢文庫と関連するのであれば「金沢文庫」の文字が冠されるべきであろうから別個のものと考えざるをえないが、いずれにしても金沢称名寺文庫から採取した史料の活用の一端ということはできよう。

また「源尊氏願文」は早くに『参考太平記』が引用し、「諸鞍日記」は享保年間に将軍家の求めにより献上され、「諸寺縁起集」と「平顕時状」は近代になってからそれぞれ栗田寛博士と平泉澄博士が注目されている。

○

『増補水戸の文籍』には『金沢蠹余残篇』の解説がみえているが、いうまでもなく義公の項である。史臣の蒐集史料はすべて義公の命によって行なわれているから、編纂物に限らず史料集も義公の名で掲載されているのである。したがって『金沢蠹余残篇』を徳川光圀撰としているのは至極当然のことであり、また類似の蒐集史料集である『南行雑録』『続南行雑録』『西行雑録』なども義公の書とされているが、それは『桃源遺事』の末尾に西山公御編集の書の一としてその名がみえていることの踏襲でもあったのである。

十四　『中村雑記』にみる義公の一面

『中村雑記』というのは中村良直が筆記したもので元禄十五年から正徳二年に至る記録である。良直は彰考館総裁を務めた篁渓（こうけい）（諱は顧言（よしとき））の子息であるが、正徳二年は父篁渓が歿した年である。記載内容は父からの聞き書きが主ではあるが、その他も含まれている。以下には倉員（くらかず）正江氏の翻刻によって若干を紹介してみよう（『近世文芸研究と評論』三七に掲載、ただし片仮名は平仮名表記とした）。

近衛様今度笙（しょう）を被下候事は、先年西山公に陵王（りょうおう）の面あり、陵王の舞は本常陸の人舞出してけり、故に常陸には右の面などもあらんかと思召けるに、的（まま）と西山公より出たる事奇妙なり、とかく加様の名笙も手前に置可申候よりはと被遣也、伯耆守随身してありく也、笙近くて聞てはなんの事なく、遠音さめける

ここでは義公が陵王面を所蔵していたことに注目してみよう。この陵王面については『新編鎌倉志』の「瀬戸明神」の項に宝物として陵王面一枚と抜頭面一枚が記されており、「共に妙作なり」とみえているので、義公の目にふれたものと思われる。これらは鎌倉期の運慶作と伝えられる舞楽面であるが、後年水戸家の敬三郎（烈公斉昭）が模刻し、返還の際に箱を新調して蓋に立原任をして一文を

認めさせている。敬三郎は雅楽（還城楽）を嗜んだが、その淵源は義公に遡るとしてよいかもしれない（前掲拙著参照）。

近衛様は関白鷹司房輔のことで、近衛家に伝来した笙を辻伯耆守近元に下されたが、この笙は「奇代の物」で名を菊丸といった。近元は京都から来て、日光御門主公弁法親王の座敷で笙を吹き、吹き出すと床にあった箏の絃がみな一度に切れた。そのことを中村新八（すなわち篁渓）が褒め感じ入ったと進藤大和守（安積澹泊とも交遊した泰通であろう）が語ったところ、近元は笙の絃が古いものだったからであろうと述べたという。この逸話は近元の上手を伝えるものであるが、義公や篁渓の関わりを窺うことができる貴重なものである。

また、舞楽に関しては次のような記載もみられる。

越中実子二人、彦四郎をば江戸の楽人衆へ養子に遣す時に、不縁にて帰る、時に我老爺水戸にあり、西山公へ御物語申所に、宜き人也、楽の指南にとて、田中利介へ申来りて二百石にて水戸へ被召出候也、篳篥上手なり、弟の織部は春達願て出す処に、後御いとま被下候処に、今度被召返也

越中は「異人」として、また「らく（楽）人」として記される人物である。我老爺は父篁渓、田中利介は理介で「彰考館を開くの記」を作った田犀のことであろう。篳篥は雅楽用の楽器のこと。越中の子である彦四郎は篳篥の上手で、水戸家に召し抱えられたというのであるが、それを義公に取り持ったのが我が老爺であったわけである。

記載によって人的関係を整理すると、越中（笛の家）には実子が二人あって、彦四郎と織部といった。彦四郎は楽人の家に養子に出たが後に篳篥の上手として水戸家に仕え、織部は笛の家を継いだ。また辻伯耆守近元の子を養子としたが、これを春達といい、文才があって書を善くした。春達は笛を織部に譲り、自らは笙を吹き、法体して林家に附属したというのである。

さらに、「楽は日本は高麗楽なれども、よき由、中華今はあしきと家君御語被成候也」ともみえているが、「中華」は明らかに漢土のことであるから義公の思いにもとるといわなければならないであろう。

○

又曰、先年西山公渾天（こんてん）の図を厳有公へ上らる、并に地球の図も仕立て上らる、渾天は今林家にも写あり、地球は用られず、切死丹の学に近きゆへ也、近年公儀御蔵にありて出し、せんきありて、地球は廃せらる、此二図は平賀周翁に仰付られ、近藤文平なども手伝也、長崎の天文者の天球・地球の図屏風に作りて水戸御蔵にあり、

天和三年、義公は渋川春海（しぶかわはるみ）に命じて天球図を作らせて、それを将軍綱吉に献じたが、将軍は大成殿に保管したという。記述はこれを指しているのかも知れないが、厳有公は四代将軍のことであるから齟齬がみられる。平賀周翁は舟翁で名を保秀といい、佐倉の堀田氏に仕え、後威公時代の水戸家に仕えた。和算測量や天文学に優れ、笠原水道の設計工事に従事した。義公は舟翁の天文学が絶えることを惜しんで伝授を命じ、近藤もまた義公の命によって天文学を学んだという。文中の「せんき」は詮

議であろう。

なお、義公が天文の知識を有していたことは、『西山随筆』に日月蝕の事がみえていることによって知られる。

十五　『槐記』の中の義公

『槐記』は近衛家（関白家熙）に仕えた医師である山科道安の随筆で、享保九年正月から享保二十年正月に至るまでの折々の話題を収めたものであるが、その出処は家熙が語ったところによっている。家熙は基熙（太政大臣、享保七年出家、この年歿す）の嫡男で享保十年に落飾し、ついで子の家久が関白職を継承する。『槐記』は抄出ではあるが、日本古典文学大系『近世随筆集』に収録されているので容易に閲覧できる（茶道に関する記述は『茶道古典全集』第五巻に収録）。

以下、大系本によって義公に関する記述を紹介しよう。

○

昔し、水戸黄門に天下の英才を集められし時、仕官を望む人あれば、先古参の宿儒・老才の人出合て、初て及第の時の挨拶に必、其方拾芥抄を見られたるや、尽く済されたるやと尋ぬ。答て、いかにも見侍べり、何にても御尋候へと申す人は、才のほども知れたり、抱るに不足と仰らる。又、拾芥は中々私式の及ぶ処にあらず、吟味は随分等し候へども、本書を尽く正すほどは臣が及ぶ処にあらずと云人には、余程英才なりとて、抱られけるとぞ。誠に、黄門もえせものなりと仰らる。

この記述は享保九年四月二十九日の条にみえるが、『拾芥抄』は南北朝期の公卿洞院公賢の編著で子孫実熙が増補したものという。歳時、文学、風俗、官位などに及んだ有職書として知られるが、多くの写本や刊本があり成立に関しては異説もみられる。

ここでは義公が史臣の採用に当って『拾芥抄』に関する知識を問うたというのであるが、真偽のほどはともかく義公の人物鑑定の方法として興味あるところとはいえよう。「えせもの」というのが家熙の義公評価である。「えせもの」には多様な意味があるが、一筋縄ではいかないしたたか者とでもすべきであろうか。

なお、義公と『拾芥抄』に関する記述は小宮山楓軒の『耆旧得聞附録』七にもみえている（このことは先に『水戸派国学の研究』に注記した）。

○

水戸の黄門の類典は、随分和書記録をあつめらるるだけよせて、仮令其節会にあづかること、不遺あげられたれば、遺る処なきやうなれども、いで急に入時考んとすれば、五百巻と云広博の書にて、其一事を考るに、数百条を読畢て後考へ当る。いで入事は一行か二行かの事也。御前の毎々関白公え仰らるるにも、類典にあづけらるる事なかれと仰らる。御前にあそばせし諸記録をあつめて、節会にあづかる事を、中にて本文の入用の事ばかりを記されたる故、書はかさひくにて、知れぬ事は早くしるるやうになされて、関白公え贈られしと也。類典は委しいと云ざまに、同じ事を幾度も書てある故に、一処によせてはありながら、本書を見るに斉し。それが実とは自分に其事をせられぬから也と仰らる。

この記述は享保十三年九月二十一日（夜）の条にみえるが、『拾芥抄』の条と同じく前段があり引用は後段となる。前段では『僧伝配韻』（僧伝排韻）が数千巻の僧伝を僅かに二十巻で済むように編集したとして「広博なるは却て害あり」と述べているのであるが、その例として『礼儀類典』を取り上げているのである。

一見して『礼儀類典』を手放しで高く評価しているわけではないが、「いで急に入時考んとすれば」との記述にも留意しなければならないであろう。たしかに五百巻もあれば急に必要になった際には不便かもしれないが、実際に必要なものは「一行か二行かの事」だとして、関白（この時は子の家久）に「類典」にばかり頼ってはいけないとも仰せられたというのである。一応は認め得ることかもしれないが、編纂の意図からして必ずしも「僧伝」と同一に論ずることはできないであろう。

ところで、家熙が言及している「類典」はどのようなものであったろうか。少なくとも記述から享保十三年以前のものであることは確実である。「類典」の編纂の開始については諸説があるが、天和年間には始まっていたのであろう。編纂は進んでいたが、一応の完成は宝永二年といわれ、幕府への献上は宝永七年に実現し、ついで享保七年に法皇御所に献上された。その後も修訂が加えられ、享保十九年に幕府に献上され、幕府は中御門天皇に献上しているのである（宮田正彦氏『水戸光圀の遺猷』）。したがって、家熙が閲覧したとすれば享保七年の献上本であった可能性が高い。

家煕は節会に関する条を抜き書きして関白（家久）に与え、「類典は委しいと云ざまに、同じ事を幾度も書てある」とみえるところからすると、実際に「類典」を繙いたのであろう。「類典」が五百巻を超える膨大な著述であることは事実であるから、その点からいえば短時間での活用に利便性を見出すことはむずかしいであろうが、それは必ずしも「いで急に入時」のためを想定したものではなく、丹念に史的事実を重視した編纂であるから当然のことといえよう。

しかしながら、義公が「官家の御用」のために至誠を尽くして、しかも今出川家の助力を仰ぎながら編纂を継続して、やがて大嘗祭の復興の「御用」に役立ったことを思わないわけにはいかないであろう。

なお、『槐記』にはみえていないが、家煕は「那須国造碑文」を入手した際に添えた後文で義公にふれている。碑文は家令の進藤泰通を通じて安積澹泊から得たが、泰通もまた義公の雅尚と久昌寺に伝えることを記している（『栃木県史』史料編古代の付録参照）。

十六　『新編鎌倉志』と『鎌倉攬勝考』

『新編鎌倉志』は義公が自らの採訪をふまえて編纂を命じた鎌倉の地誌であり、近世地誌の濫觴として位置づけられる書物である。その価値は改めていうまでもないけれども、この『新編鎌倉志』（以下『鎌倉志』）が後に『鎌倉攬勝考』（以下『攬勝考』）という書物を生み出す契機となったことに思いを致すと、水戸学派の役割が地誌という学問の分野にも及んでいたことが明瞭に窺えるのである。以下には、両書の関係を紹介してみたいと思う。

○

『攬勝考』は八王子の人植田孟縉が文政十二年に完成した地誌の書であり、鎌倉を中心として江の島や金沢にも及んでいる。したがって、『鎌倉志』とは百五十年近くの年代差があるものの同地域の増補版としての地誌ということができよう。

植田孟縉は医師の子で江戸に生まれたが、八王子千人同心（郷士）であった植田氏の婿養子となり、長じて漢学塾を開いた好学の人物である。幕府の地誌編纂事業に関与しつつも『武蔵名勝図会』や『日光山志』などをまとめている。

孟縉と水戸との直接的な関係は見出せないが、『攬勝考』の序文を彰考館総裁の川口長孺が認めているのである。文政十二年八月のことである。序によれば仲介したのは立原杏所であり、義公の奇書探索にふれつつ地誌をも史筆に供しようとして鎌倉に及んでいるがまだ緒余のみであって大綱に止まっているとする一方で、孟縉の書は微に入り細に亘って遺漏がないと賞讃しているのである。立原が孟縉と何らかの関係があったことが推察されるけれども遺憾ながら不明とせざるをえない。

○

『攬勝考』の凡例の一条目には次のようにみえている。

神社寺院の来由は、大概「鎌倉志」の捜索精しければ、其作例に倣ふ、されど志もまた他の遺漏なきにしもあらねば、其余悉く拠を繹得てこれを編せり。

これをみれば『攬勝考』が『鎌倉志』と密接な関係にあることが察せられるが、以下その一端を確認してみよう。『攬勝考』は巻四から六に仏刹を収めているが、巻四の冒頭に長寿寺の記載がある。長寿寺は宝亀山と号し、足利尊氏追善のために鎌倉公方の基氏が建てた寺である。最初に簡略な記述があり、続いて開山の正宗広智禅師（古先印元）の行状記の一部（末尾に「余は略す」とある）を引き、客殿、尊氏将軍廟塔、開山塔跡、撞鐘、そして鐘銘と寺宝となるが、その中に尊氏の束帯の木像と廟塔の絵をも掲げている。

これに対して『鎌倉志』（巻三）では、やはり最初に簡略な紹介、鐘銘、客殿、尊氏廟、開山塔跡、寺宝、正宗広智禅師行状を収め、境内図を掲げている。

一見すれば両者は類似であるが、大きく異なるのはまずは挿入図である。この相違は孟縉が新たな探索の結果といえるけれども、行状記ではかなりの省略がみられる。それは「略云」とはいうものの、省略して新たな文章を作成した感じなのである。その点、『鎌倉志』が全文を掲げ、さらに末尾に「今按ずるに、宋景濂所作碑銘は、蓋し此文を潤色して成者ならん」との割注を加えたことは水戸史学の精神を余すところなく示しているといえよう。

同様の例は東慶寺の場合にもみられる。以下は「鐘楼」の記述であるが、『鎌倉志』は、

山門外、右にあり。此寺の鐘は、小田原陣の時失して、今有鐘は、松岡の領地にて、農民ほり出したりと云ふ。銘を見るに補陀落（ふだらく）寺の鐘なり。故に此鐘の銘は補陀落寺の条下に記す。此寺の昔鐘銘今尚残れり。其文如左。

と記して鐘銘を掲げ、その末尾に割注の考察を加えている。『攬勝考』では、

山門の外右にあり。当寺の鐘は、天正十八年、小田原陣の時紛失せり。今の鐘は寺領の地より、村民が掘出せしものといふ。銘文を見るに、補陀落寺の鐘なり。銘は彼寺の条に記す。当寺の紛失せし鐘銘の写、当寺にあり。年号は元徳四年の鋳成なり。銘文の写は略す。

と記しているから、若干の増補はみられるもののほとんど同文としてよい。したがって凡例の「其作例に倣ふ」は認められるが、『鎌倉志』には東慶寺及び補陀落寺の鐘銘がともにみえ、『攬勝考』ではともに省略されているので両書の性格の相違が窺われる。

ただ、両書ともに補陀落寺の寺宝として古文書三通を記しているが、その一通に関して『攬勝考』

には「鎌倉志に冬就とあれど、本書を見るに、文就なり。其写次に出す」として文書を掲げている。そうしてみると、『鎌倉志』には文書の文面がみえていないので恐らくは孟緍が実際に確認したのであろう。

また、常楽寺の鐘銘に関しても『攬勝考』には「鎌倉志に出たれど、今は此鐘も見へず。文保二年の鋳成なる由、其銘文も略しぬ」とみえるから孟緍は実地に確認したであろうが、銘文そのものへの注目に及ばないことからすると、やはり両書の性格が異なるとしなければならないであろう。

○

冒頭の「鎌倉総説」が『鎌倉志』の「鎌倉大意」に倣っており、また「六浦（むつら）」の項にも総説が設けられていることは増補といえるであろうが、両書の密接な関係を示す証左であろう。いずれにしても、『攬勝考』が『鎌倉志』をふまえながら、増補を加え、観点を変えつつ地誌という分野に光を当てたことは孟緍の功績としてよいが、そこには『鎌倉志』の先駆的役割をも十分に窺うことができよう。

十七　後北条氏と『参考太平記』

『参考太平記』の校訂に使われた『太平記』諸本のなかに後北条氏が関与するものが二本ある。それは今川家本と北条家本と称するものであるが、後北条氏との関係はどのようなものであったのであろうか。まずは凡例を掲げてみよう。

一、凡そ今川家本と称する者は、其の第一巻尾に書して曰く、永正二乙丑五月二十一日、右筆丘可、老年五十四、此の本甲州胡馬県河内南都郷に於いて書写し畢んぬ。当国主の伯父武田兵部大輔、受領伊豆守、実名は信懸、法名は道義、斎号は臥龍、好んで書籍を嗜む。癸亥の冬、駿州国主今川五郎源氏親に就き、借て頓に之を写す。而るに俗字脱字多し。乃ち予をして一筆之を写さしむ。年既に六十に及び、眼昏く手疼き、固辞すること千万。然りと雖も、貴命の重きに依りて、全部を書し訖んぬ。然ども焉馬の謬、猶巨多なり。後に伊豆の国主伊勢新九郎、薙髪して早雲宗瑞と号す。早雲菴、平生太平記を嗜翫す。因りて亦之を借りて、類本を集めて之を訂し、野州足利の学校に送る。学徒往々として重ねて亦之を糾明す。然して後、之を豆州に還す。早雲菴、上洛の時、壬生の官務に託して、点朱引読、実に我が朝の史記なり。臥龍菴、亦予をして之を写さしむ。尊命の重きに依り、之を写し畢んぬ。此に拠るときは則ち旧と今川家の所蔵為ること知るべし。因りて之を称す。

ここには今川家本第一巻の尾書を掲げているが、この尾書を高橋貞一氏の『太平記諸本の研究』（昭和五十五年）によって確認してみると、多少の異同がみられるがほとんど同一記載である。この尾書を要約して高橋氏は、

この奥書によれば、武田信玄の伯父、信懸が文亀三年癸亥の年の冬、今川義元の父、氏親の所蔵本を書写したが、誤字脱字が多かつたので、丘可に命じて再び書写せしめた。然る処、武田信懸と親密な間柄にあつた北条早雲も太平記を読み、その校定本を足利学校に送りて糾明し、又それを京都に送りて壬生官務大外記（小槻伊治）に訂正を願つた。信懸はこれを聞きて借用し、再び丘可にこれを書写せしめたのである。右の奥書によれば、北条早雲の校定本といふべきであらう。

と述べられている。これによって北条早雲と『太平記』との関係は明らかであるが、水戸の入手経路は不明といわなければならない。

次は北条家本である。

一、凡そ北条家本と称するは、石尾七兵衛氏一所蔵也。氏一祖父越後治一（はるかず）、関白豊臣秀吉に仕ふ。小田原の役に、治一従ひ韮山（にらやま）城を攻む。城陥るに及んで、治一此の書を得たり。後に北条家の書吏悦可之を見て、泫然（げんぜん）として治一に謂ひて曰く、我嘗て小田原に在るとき、北条氏康常に我をして之を読ましむと。治一因りてその氏康の所蔵たるを知る。而して世々之を伝ふ。故に北条家本

と称す。

北条家本は北条氏康が所蔵するところであったというのである。その氏康は早雲の孫であり、北条氏の三代目で文武に秀でた名将との誉れ高い人物として知られる。この記載から入手経路の推察が可能である。すなわち入手元が石尾七兵衛氏一だったらしいことであるが、その祖父が小田原の役で入手し、しかもそれが氏康所蔵本だったというのである。『寛政重修諸家譜』十三によれば、祖父石尾越後守治一は戦国武将荒木元重の同族であった荒木元清の三男である。その祖は石尾七兵衛氏紹で石尾を称したという。七兵衛氏一については『清水宗川聞書』（しみずそうせんききがき）（西日本国語国文学会翻刻双書）に次のような記載を見出すのみである。

水戸様浜屋敷にて、十景之題に、三縁雁塔と云を、石尾七兵衛殿、夕附日うつろふ山は雲晴て光そひゆく塔のかけかな、塔は万葉にこうぬれる塔と有、紅にぬれる也、

恐らく、ここにみえる石尾七兵衛は凡例にみえる石尾七兵衛氏一と同一人物であろう。清水宗川は当時水戸家に出入りしていた歌人であり、たびたび歌会を開いていたので、その歌会同人であった石尾七兵衛から『太平記』の一本が提供されたと考えるのは自然であろう。遺憾ながら、これ以上は七兵衛の素性を明らかにすることができない。

○

北条氏康が文武に秀でた武将であったことは世に知られているが（『北条五代記』）、ここでは文について関連資料を紹介しておこう。それは『扶桑拾葉集』巻二十五に氏康の著述である「むさし野の紀

行」が収録されていることである。この文章は和歌八首を点綴した小文(千二百字程度)であり、天文十五年仲秋のころの武蔵野への旅を綴ったものである。この一文を水戸ではどのような経緯で入手したのであろうか。やはり、石尾七兵衛が関与していたのであろうか。あるいは英勝院の姻戚に頼ったのであろうか。

また、文武に秀でた氏康を義公はどのようにみていたのであろうか。少なくとも「むさし野の紀行」の評価が『扶桑拾葉集』への収録となって表明されたということはできよう。

なお、『群書類従』収録本「むさし野の記行(ママ)」は『拾葉集』本によって校合されたものである。

付記

今日では「むさし野の紀行」が宗長の『東路の津登(つと)』の文を剽窃して後人が作ったもの(偽作)というのが有力な説である。次の論文を参照されたい。

田中義成氏「北条氏康の武蔵野紀行の真偽に就て」(『歴史地理』一の四)

白井忠功氏「北条氏康の旅——『むさし野紀行』——」(『立正大学文学部論叢』一一三)

簗瀬一雄氏『国史大辞典』「武蔵野紀行」の項

なお、簗瀬氏が記載の和歌を十二首とされるのは誤りであろう。『群書解題』三には田中氏説の要約がみえている。また、今井登志喜氏は『歴史学研究法』4の1に史料批判の例として田中氏の論文をあげておられる。一方、高野修氏のような偽作に慎重な説もあるが(『三浦古文化』第十九号収録「戦国武将と連歌師――氏康と宗牧をめぐって――」)、筆者は氏康の創作ではないかと考える。

それは「むさし野の紀行」がほとんど史実とは合致しないが(田中氏論文参照)、天文九年に鶴岡八幡宮へ参詣したことのみが認められることからして、氏康は川越攻めの戦勝報告のために八幡宮へ参詣し、それを仮託創作した文章ではないかと推察するからである。そうすると天文十五年に仮託したことにも矛盾がなく、八幡宮との関係は特に重視されてよいからである。

十八　訛伝としての義公の塔ノ沢湯治

義公が朱舜水とともに箱根七湯の一である塔ノ沢で湯治したというのは訛伝ではあるが、幕末から明治期はもとより、今日でも地元の温泉案内書に依然として掲載されている（例えば元湯の環翠楼）。そもそも、義公が箱根を訪れたことは確認されないが、確認されるのは「鎌倉日記」にみえる通り江の島（藤沢市）までである。それでは義公が箱根で湯治したという訛伝はいつごろ起こり、広まったのであろうか。

容易に知られることは、水戸藩の間宮永好（小山田与清門下の国学者）がまとめた『箱根七湯志』（文久元年の序あり）の「勝驪山熊野権現」という項に、元禄の頃明人朱舜水が湯浴みして本国の驪山の湯（驪山は玄宗皇帝が華清宮を営んだことで知られる西安の温泉地である。元禄二年成立の北村季吟「湯もとの記」には「彼の驪山の温泉は、秦皇の瘡を洗はしめんとて神女の出でけるよし言ひ伝ふためしは、かの国にのみあらざるべき」とみえる）に勝るよしを述べたところから祠の軒に勝驪山の額を掛けたという記載である。また、朝散大夫従五位和気大和守が草する「額面後文」（寛政九年歳次丁巳秋八月付）にもその経緯が記されているが、さらに「田村久兵衛所蔵額面後文」には冒頭に「往年　水戸黄門鉅に此の湯に浴み、其の功験を賞し、賜ふに勝驪山の号を以てす」とみえ、末尾には元禄癸未仲春の日付で佐々木玄龍が記したとしている。

舜水は天和二年に歿しているから元禄の頃というのは誤りである。また元禄年間といえば義公の晩年であり、たしかに領内各地を巡遊してはいるけれども箱根湯治が行なわれた気配はない（『日乗上人日記』）。佐々木玄龍なる人物が元禄癸未（十六年）に書いたとすれば義公薨後数年であるが、すでに箱根湯治の訛伝が成立していたことになる。そしてそれが寛政九年に再び取り上げられ、幕末に至って永好の著書に記載されたわけである。

○

『東海道名所図会（ずえ）』（昭和五十年刊行の原田幹氏校訂本による）は読本作家として知られる秋里籬島（あきさとりとう）によって書かれた書物であり、その脱稿は寛政九年九月で同年十一月に刊行されたが、巻五に「塔之沢湯」について説明した箇所がある。

堂が島より一里半あり。七湯の中にて、地境広くして風景の勝地なり。山を勝麗（ママ）山と号し、川を早渓といふ。（阿仏の和歌は略す）

橋を玉緒橋といふ。水戸黄門光圀卿、明人舜水と共にここに逍遙し給ひ、此号をはじめて呼ばせらるる。

この記述は多少の改変があるが、『桃蹊雑話』にもみえている（典拠は同書）。日付からすると必ずしも和気大和守が『東海道名所図会』に拠って「額面後文」を記したとすることはできないが、玄龍の後文もともに義公が舜水と湯浴みをした際に命名し、それを舜水が「勝驪山之額」に書いたとするのである。

いずれにしても寛政九年にこの訛伝が成立していたことは確かであるが、「田村久兵衛所蔵額面後文」の成立が事実とすれば元禄末年まで遡ることになる。ちなみに田村久兵衛は内湯の温泉宿である。また、文化八年に成立した弄花(ろうか)の『箱根七湯集』（『日本名所風俗図会』2収録による。「七湯の枝折(しおり)」ともいう）には塔ノ沢の景勝にふれた箇所があるが、その一節に件(くだん)の記載がみられる。

> 彼の、しほ木流るるとよみし早川は、浴室のうちをめぐりて、また町の北に出で、川そこに柴橋をかけて玉の緒の橋と名付けて、かたはらの小高き岩山は西山公、明人舜水を率ゐて逍遙したまひし所なり。この岩山の風景、唐の温泉ある驪山(りざん)にまされりとて、勝驪山とよぶべきよし。よつて舜水、筆をとつて勝驪山の額を書す。

『東海道名所図会』よりやや精しいが、主旨は全くの同一である。さらに湯宿田村久吾の家にある舜水の筆掛物（七絶）を掲げた後に舜水について若干の説明を加えている。これによれば「玉の緒」も義公の命名ということになるが、そうすると寛政九年から十数年後にさらなる訛伝が加わったとしてよいであろう。引用の一首は『十六夜日記(いざよいにっき)』にみえる「あづま路の湯坂を越えて見渡せばしほ木流るる早川のみづ」である。

なお、『箱根七湯集』には服部南郭の「勝驪山に遊ぶ」と題する七言律詩が記載されているが（この詩は「南郭先生文集」三編巻三収録の「遊玉笥山六首」の二首目に当たり、初句には「伝へ言ふ此の地驪山に勝ると」とみえる）、南郭が箱根（塔ノ沢）を訪れたのは寛保三年であるから（日野龍夫氏『服部南郭伝攷』）、この頃にはすでに「勝驪山」の名称が存在したことになろう（日野氏同書によれば南郭は宝暦四年にも訪れている）。

この訛伝が再録されている『新編相模風土記稿』（巻三十の足柄下郡巻九）では、『舜水文集』や『舜水行実』には未載とし、また七絶については「真偽定かならず。且元本は失ひて写のみなれば、伝写の誤も亦鮮からざるべし」と注記しているが穏当な記述であろう。なお、原稿の完成は天保十二年という。

○

今日、義公はいうまでもないが舜水の箱根湯治さえも確認されていないのである。史実からすれば、舜水は長崎から江戸にやってきたのであるから当然にして箱根を通った可能性が高い（石原道博博士『朱舜水』によれば寛文五年六月下旬に長崎をたち、七月十一日に江戸に着いたという）。したがって、箱根湯治を無碍に否定することはできないが、少なくとも義公とともに湯治した事実を確認することができない。ともかくも、訛伝とすれば何か訛伝の因縁があるはずであろう。

そこで考えられるのは、威公（義公の父頼房）と義公が招いた心越禅師である。まず威公からみると、『桃蹊雑話』に引く「御系図大全」によると寛永二十年十月に熱海で（この時義公が同行しなかったことについては但野正弘氏『若き日の水戸黄門』の訂正補記を参照、仮に同行したとしても年少時であるから問題外であろう）、慶安三年閏十月に塔ノ沢で湯浴みしており、また心越は元禄八年に義公の勧めにより塔ノ沢で湯治すること二十七日に及んでいる（「東皐心越禅師伝」）。義公が心越に湯治を勧めていることは「常山文集拾遺」に収める書簡によって明らかである（拙著『金沢八景と金沢文庫』参照）。舜水も心越も義公に招かれたのであるから関係が密なことはいうまでもないが、恐らくはそのような間柄が巷間に伝わって義公や舜水の塔ノ沢湯治となり、ひいては勝驪山命名の訛伝が成立したのではなかろうか。

ところで、釈敬順（けいじゅん）の「（十方庵（じっぽうあん））遊歴雑記」（『増補江戸惣鹿子名所大全』収録）という著述は本法寺の住持を退いた文化八年以後の遊歴の跡を記したものであるが、第五十二「能見堂擲筆山（なげふでやま）の始元」の後半に次のような箇所がある。

> されば心越禅師は関羽の曾孫にて頗る博識道徳の出家なるに依て、光圀卿は師弟の約をしたまひ、その上御妹君を心越へ嫁せしめたまひ、偕老同穴の絆を以て、永く日本の地に引とどめ置度思召しけるに、年を経るといへども猥敷事曾てなく、却て姫君へ無常苦空の道理をしめし、参禅悟道のをしへ豆やかなれば、姫君も頓て開悟したまひけり、相州鎌倉の英勝禅寺といへる尼寺の始元是なり、

この記述は訛伝であり、史実は全く含まれていない。義公薨後百年も経てばこれほどの訛伝が成立し流布するのであるから、義公と舜水の塔ノ沢湯治の訛伝が生じても不思議ではないといえよう。

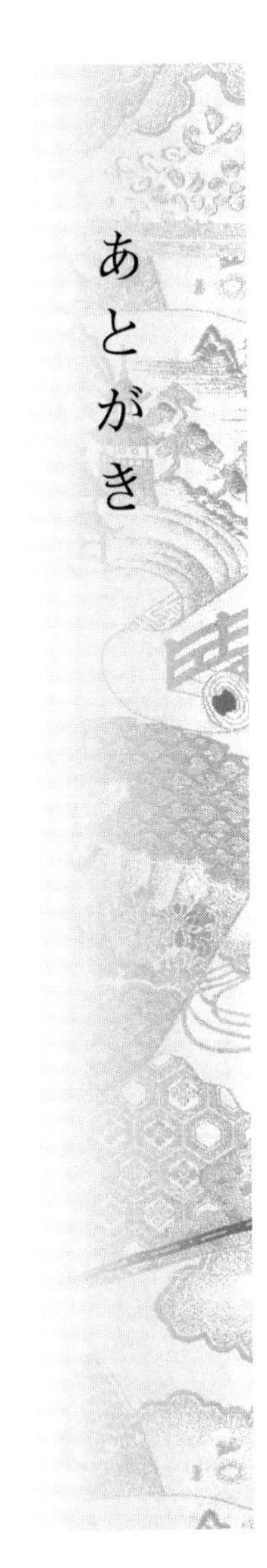

あとがき

義公に関する研究は決して少なくはないが、水戸史学選書（水戸史学会発行、錦正社発売）に限っただけでも相当数に上る。まずは、名越時正先生（水戸史学会二代会長）の次の三著を挙げねばならないであろう。これらは義公研究の指針ともいうべきものである。

①『**新版水戸光圀**』②『**水戸光圀とその餘光**』③『**水戸学の達成と展開**』

①は書き下ろしの伝記、②は論文集であり、書名の通り直接義公に関するものの他に余光を探求した論文をも収め、③は第一編に「達成された光圀の大願」、第二編に「幕末水戸学派の秘策と密計」、第三編に「水戸学の展開」に該当の論文を以て構成される（末尾に附として訪史余滴として随想を収める）。

宮田正彦氏（三代会長）の④『**水戸光圀の遺猷**』には、主に義公時代の史臣や周辺の人物、及び義公の史的事業に関する論文を収める。

安見隆雄氏（副会長）の⑤『**水戸光圀と京都**』には、義公と京都（朝廷）に関連するもの、大日本史に関するものを主に、また弘道館に関わる論文を収める。

住谷光一氏（理事）の⑥『**水戸光圀の餘香を訪ねて**』⑦『**同続編**』⑧『**同続々編**』は書名の通り、

義公の今日に残る足跡（主に茨城県域）を辿られたものである。

その他、義公時代の史臣の研究では ⑨『水戸史學先賢傳』（名越時正先生監修）⑩『新版佐々介三郎宗淳』（理事・事務局長但野正弘氏）があり、更に関連研究として ⑪『水戸史學の傳統』（顧問の小林健三氏と照沼好文氏）⑫『水戸の彰考館』（顧問福田耕二郎氏）⑬『水戸史學の現代的意義』（顧問荒川久壽男氏） また拙著 ⑭『大日本史と扶桑拾葉集』⑮『現代水戸学論批判』⑯『大日本史の史眼』）などもある。史臣の史料蒐集や編纂従事は義公の命によるものであり、いわば義公と一体であるから注視されねばならないのは当然のことであろう。また後期水戸学を論じた選書にも関連の論があるが、例えば但野氏の ⑰『水戸学逍遙』には「水戸光圀における『源義経』論」、仲田昭一氏（理事）の ⑱『水戸藩と領民』には「義公・烈公と領民」が収められている。

このようにみてくると、水戸学あるいは水戸史学の研究における最も重要なものは義公の研究といってよいのであるが、義公が「空前絶後の人」（平泉澄博士、②参照）であることに思いを致すならば、これらの研究で十分とすべきではなく恐らくは無限の課題が存するであろう。私共の目指すべきところは自ずから明らかといわなければならない。

〇

筆者はこれまで主として義公を国学的に位置づけて研究を進めてきたけれども、今後は歴史家としての観点をはじめ多方面から研究を試みたいと思っている。それは、いわゆる水戸学の総合的把握の試みの一環であるが、その意味では本書はその端緒にすぎない。収録の小論の多くはブログ（ＢＬＯＧ

江風舎）に「水戸学の話余話」として掲載したものである。一書にまとめるに際して若干の修正を施した。

末尾ではあるが、多くの書籍を拝借した横浜市立図書館、義烈両公を御祭神とする常磐神社、そして水戸史学会及び錦正社の皆様に深甚なる感謝の意を表したいと思う。

令和元年八月

梶　山　孝　夫

著者略歴

梶山孝夫（かじやまたかお）

昭和26年　茨城県生
大学卒業後茨城県内の私立学校に奉職、平成24年3月退職
現在　水戸史学会理事
　　　藝林会理事
　　　温故学会顧問
　　　博士（文学）

主要著書
新版佐久良東雄歌集（錦正社）
水戸の國學―吉田活堂を中心として―（錦正社）
水戸派国学の研究（臨川書店）
大日本史と扶桑拾葉集（錦正社）
現代水戸学論批判（錦正社）
大日本史の史眼―その構成と叙述―（錦正社）
藤田幽谷のものがたりⅠ～Ⅲ（錦正社）
安積澹泊のものがたり（錦正社）
水戸の国学者　吉田活堂（錦正社）
金沢八景と金沢文庫（錦正社）

〈錦正社叢書10〉義公漫筆（ぎこうまんぴつ）

令和二年一月十日　印刷
令和二年二月一日　発行

※定価は表紙に表示してあります。

著　者　梶山孝夫
発行者　中藤正道
発行所　株式会社　錦正社
〒一六二－〇〇四一
東京都新宿区早稲田鶴巻町五四四－六
電　話　〇三（五二六一）二八九一
ＦＡＸ　〇三（五二六一）二八九二
ＵＲＬ　https://kinseisha.jp/
印刷所　株式会社　文昇堂
製本所　株式会社ブロケード

ISBN978-4-7646-0139-0